누구나
쉽고 재미있게

사고력 수학

노크

C4
(10~11세)

해결전략

이 책을 보시는 부모님들께

머리가 좋아야 수학을 잘 한다는 말이 있습니다. 또, 수학을 잘 못하는 아이는 아빠, 엄마의 머리를 물려받아서 그렇다는 등의 난데없는 유전자 논쟁이 벌어지기도 합니다. 하지만 많은 사람들의 일반적인 생각과는 달리 이는 근거없는 이야기입니다. 외국의 한 연구 기관에서 언어, 사회, 수학, 과학의 네 가지 분야 중 어떤 것이 아동의 선천적 재능에 영향을 받는지 조사한 연구 결과를 발표했는데 일반적인 예상과는 다르게 선천적 재능에 영향을 받는 순서는 사회, 언어, 과학, 수학 순이었습니다. 다시 말해, 수학은 여러 학문 분야 중 선천적인 재능보다는 후천적인 환경이나 교육자, 학습자의 노력에 가장 큰 영향을 받는 학문이라 볼 수 있습니다. 수학의 가장 기본이 되는 '수 영역'의 예를 들어 보겠습니다. 아이들이 수를 처음 접하는 시기의 차이는 있지만 실제 수에 대한 감각과 수를 다루는 연습은 생활 속에서의 체험이나 다양한 활동, 학습 속에서 이루어집니다. 즉, 수학의 가장 기본이 되는 수는 선천적으로 가진 재능과는 거의 연관이 없으며 자라나면서 어떤 환경에 놓이는지, 얼마나 많이 수를 생각할 수 있는 기회가 있는지, 나이에 맞는 올바른 학습을 만날 수 있는지에 좌우됩니다. 그러므로 아이의 수학적 발달에 문제가 있다면, 그 아이가 누구를 닮아서 그런지, 지능이 떨어지는지를 따질 것이 아니라 수학적 힘을 기를 수 있는 학습 환경을 어떻게 만들어줄 것인가를 고민해야 합니다.

국제영재교육연구소의 랜즐리 소장은 영재의 기준을 마련하기 위해 여러 연구를 시행한 결과, 영재의 공통적인 특징들을 발견하였습니다. 첫째는 115 이상의 지능지수(IQ), 둘째는 창의력(Creativity), 셋째는 동기적 요소라고 부르는 끈질긴 근성과 과제집착력이었습니다. 이들 세 가지 요소 역시 선천적으로 타고 나는 부분도 물론 있겠지만 대부분 후천적인 학습이나 교육 활동을 통해 기를 수 있는 능력이라는 데에 이의를 제기하기는 힘듭니다.

이처럼 수학적 능력은 후천적 학습 환경에 주로 좌우되며, 특히 어린 시절에는 그러한 경향이 더더욱 두드러집니다. 하지만 우리의 아이들을 둘러싼 수학적 환경을 다시 한 번 돌아봅시다. 초등학교를 들어가기 전부터 과도한 학습량과 무의미한 반복 활동, 이후의 수학 학습에 오히려 방해가 될 정도로 무리한 선행 학습 등의 환경은 아이의 수학적 힘을 길러주기보다는 수학에서 가장 중요한 창의적 사고력을 기를 수 있는 기회를 박탈함과 동시에 수학에 대한 흥미를 급속하게 떨어뜨리게 하여 수학으로 문제를 해결하려는 의지, 즉 수학적 동기를 스스로에게 부여하는 것을 불가능하게 만들어 버립니다. 중요한 것은 남들보다 먼저, 그리고 더 많이 수학적 지식을 머리 속에 주입하는 것이 아니라 태어나서부터 누구나 가지고 있는 수학에 대한 관심, 그리고 수학으로 생각하는 힘을 일깨워주는 것입니다.

수학을 잘할 수 있는 힘, 수학적 잠재력은 이미 여러분 아이들의 머릿 속에

줄곧 있어왔습니다. 단지 어떤 아이는 그것을 찾아내어 드러낼 수 있었고, 어떤 아이는 꼭꼭 숨긴 채 평생 드러나지 않을 뿐입니다. 이러한 수학적 잠재력에 대한 참신한 자극 − 생각을 두드리는 '노크'를 제안하려 합니다. '노크'는 수학적 지식과 스킬만을 무리하게 밀어넣지 않습니다. 왜 수학을 해야 하고, 어떻게 수학으로 가능한지 끊임없이 스스로 생각하게하는 계기로서의 활동이 되려 합니다. 일상으로부터 괴리된 학문으로서의 수학이 아닌, 삶을 살아가며 반드시 키워야 할 논리적, 합리적 사고력을 기를 수 있는 누구에게나 가장 중요한 경쟁력으로서의 수학을 주장합니다. '노크'야말로 새로운 수학 학습의 길을 보여주는 방향타가 될 것입니다.

한 현 조

똑!똑! 사고력 수학

노크의 구성

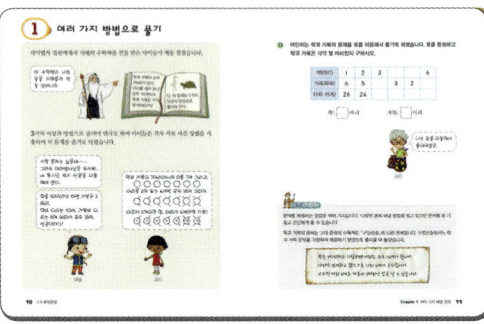

시작 : 생각열기

사고력 수학 주제에 맞는 수학적 상황, 수학사, 생활 속 수학 이야기 등의 자유로운 형식으로 흥미를 유발하고, 수학적 사고를 자극하는 주제별 프롤로그

노크 포인트

문제 해결의 핵심적 원리를 '콕!' 집어서 간결하게 요약한 사고력 수학 주제별 포인트

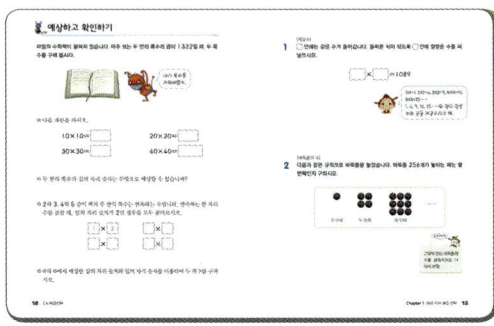

전개 : 유형 탐구

사고력 수학의 대표 유형을 노크만의 새로운 방법으로 차근차근 한 단계씩 익히고 해결하는 단계적 유형 탐구와 이를 통해 익힌 방법적 원리를 적용, 확장하는 확인 문항

잘 생각해 봐!

수학 요정들의 친절한 충고와 꼬마 요괴들의 밉살스럽지만 유용한 조언으로 어려운 발전 문항의 해결을 돕는 문제 해결 도우미 박스

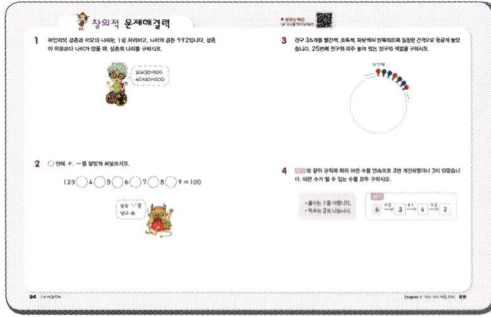

발전 : 창의적 문제해결력

3개의 사고력 수학 주제를 갈무리하는, 한 차원 높은 창의력과 복합적인 사고력을 요구하는 발전 문항의 끝판왕

마무리 : 정답 및 해설

본문에 그대로 첨삭된 정답과 간략한 풀이 과정을 통한 사고력 수학 활동 피드백으로 마무리

노크
캐릭터 소개

지식을 되찾기 위해 노크랜드로 떠난 모험가 친구들

일단 저지르고 보는 거야!

태경
활동파 리더

난 궁금한 건 절대 못 참아.

지오
호기심 공주

초이
조용한 전략가

침착하게 위기를 벗어나야 해.

생각으로 아주 멀리까지 날아가.

아인
꼬마 천재

마법사 멀린과 수학 요정

마법사 멀린

노크랜드의 지식의 수호자. 지식을 파괴하려는 대마왕의 음모에 맞서 모험을 떠난 친구들의 든든한 조력자.

아르키메데스

페르마

플라톤

파스칼

피타고라스

가우스

유클리드

오일러

대마왕과 꼬마 요괴

대마왕

노크랜드의 지식의 파괴자. 세계를 차지하기 위해 모든 지식을 없애버리려고 하는 요괴들의 두목.

딴소리

한입

장난

딴짓

멍하니

잠만자

울보

거꾸로

이 책의

차 례

C O N T E N T S

Chapter 1

여러 가지
해결 전략

여러 가지 방법으로 풀기

대마법사 멀린에게서 지혜의 수학책을 선물 받은 아이들이 책을 펼쳤습니다.

이 수학책이 너희들을 지혜롭게 만들 것이니라.

학과 거북이 모두 7마리가 있다.
다리를 세어 보니 모두 18개이다.
학과 거북은 각각 몇 마리인가?

단, 이 문제는 3가지 이상의 방법으로 풀어야 한다.

3가지 이상의 방법으로 풀어야 한다고 하여 아이들은 각자 서로 다른 방법을 사용하여 이 문제를 풀기로 하였습니다.

수학 문제는 싫은데…….
그래도 대마법사님은 무서워.
내 특기인 찍기 신공을 이용해야겠다.

학을 5마리라고 하면 거북은 2마리.
학의 다리는 10개, 거북의 다리는 8개. 따라서 모두 18개.
성공이다!!!

학과 거북이 7마리이니까 O를 7개 그리고,

○ ○ ○ ○ ○ ○ ○

다리를 2개 또는 4개씩 모두 18개 그리자.

다리가 2개이면 학, 다리가 4개이면 거북!

학 학 학 학 학 거북 거북

태경

초이

아인이는 학과 거북의 문제를 표를 이용해서 풀기로 하였습니다. 표를 완성하고 학과 거북은 각각 몇 마리인지 구하시오.

학(마리)	1	2	3			6
거북(마리)	6	5		3	2	
다리 수(개)	26	24				

학: ☐ 마리   거북: ☐ 마리

아인

나는 표를 이용해서 풀어야겠군.

노크 포인트

문제를 해결하는 방법은 여러 가지입니다. 다양한 문제 해결 방법을 알고 있으면 문제를 좀 더 쉽고 간단하게 풀 수 있습니다.

학과 거북의 문제는 고대 중국의 수학책인 「구장산술」에 나온 문제입니다. 구장산술에서는 학 과 거북 문제를 가정하여 해결하기 방법으로 풀이를 해 놓았습니다.

> 학을 7마리라고 가정하면 다리는 모두 14개가 됩니다.
> 다리가 18개라고 했으므로 다리 4개가 모자랍니다.
> 모자란 다리 4개로 거북이 2마리인 것을 알 수 있습니다.

예상하고 확인하기

마법의 수학책이 펼쳐져 있습니다. 마주 보는 두 면의 쪽수의 곱이 1332일 때, 두 쪽수를 구해 봅시다.

내가 쪽수를 지워버렸지.

❶ 다음 계산을 하시오.

$10 \times 10 =$ ☐ $20 \times 20 =$ ☐

$30 \times 30 =$ ☐ $40 \times 40 =$ ☐

❷ 두 면의 쪽수의 십의 자리 숫자는 무엇으로 예상할 수 있습니까?

❸ 2와 3, 4와 5 같이 책의 두 면의 쪽수는 연속하는 수입니다. 연속하는 한 자리 수를 곱할 때, 일의 자리 숫자가 2인 경우를 모두 찾아보시오.

1 × 2   ☐ × ☐

☐ × ☐   ☐ × ☐

❹ ❷와 ❸에서 예상한 십의 자리 숫자와 일의 자리 숫자를 이용하여 두 쪽수를 구하시오.

[제곱수]

1 ☐ 안에는 같은 수가 들어갑니다. 올바른 식이 되도록 ☐ 안에 알맞은 수를 써 넣으시오.

$$\boxed{} \times \boxed{} = 1089$$

1×1=1, 2×2=4, 3×3=9, 4×4=16, 5×5=25……
1, 4, 9, 16, 25……와 같이 같은 수의 곱을 제곱수라고 해.

[바둑돌의 수]

2 다음과 같은 규칙으로 바둑돌을 놓았습니다. 바둑돌 256개가 놓이는 때는 몇 번째인지 구하시오.

첫 번째   두 번째   세 번째

잘 생각해 봐!

그림에 있는 바둑돌의 수를 곱셈식으로 나타내 보렴.

가정하여 해결하기

멍하니 요괴와 아인이가 퀴즈 대회에 나갔습니다. 멍하니 요괴의 점수와 아인이가 틀린 문제의 개수를 구해 봅시다.

난 12문제 모두 틀렸어.

내 점수는 500점이야.

멍하니 요괴

아인

퀴즈 대회 규칙

• 기본 점수는 250점입니다.
• 총 12문제를 풉니다.
• 한 문제를 맞힐 때마다 50점을 얻습니다.
• 한 문제를 틀릴 때마다 20점을 잃습니다.

❶ 멍하니 요괴는 12문제를 모두 틀렸습니다. 멍하니 요괴의 점수는 몇 점입니까?

❷ 12문제를 모두 맞혔을 때를 만점이라고 하면 만점은 몇 점입니까? 또, 한 문제를 틀릴 때마다 만점에서 몇 점씩 낮아집니까?

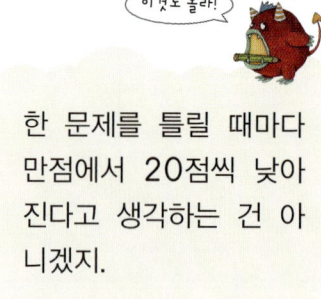

이것도 몰라!

한 문제를 틀릴 때마다 만점에서 20점씩 낮아진다고 생각하는 건 아니겠지.

❸ 아인이의 점수는 만점에서 몇 점 낮아졌는지 구하고 아인이가 틀린 문제의 개수를 구하시오.

[큰 접시, 작은 접시]

1 초이는 설거지를 돕고 용돈을 받습니다. 접시 1개를 닦을 때마다 큰 접시는 600원, 작은 접시는 400원을 받습니다. 초이가 접시 10개를 닦고 받은 용돈이 5200원입니다. 초이가 닦은 작은 접시는 몇 개입니까?

작은 접시를 닦으면 용돈이 너무 적어.

[모두 덧셈으로 가정하기]

2 다음 식의 수 사이에 +, ―를 4개씩 넣어 계산 결과가 25가 되도록 만드시오.

$$9 \bigcirc 8 \bigcirc 7 \bigcirc 6 \bigcirc 5 \bigcirc 4 \bigcirc 3 \bigcirc 2 \bigcirc 1 = 25$$

이것도 몰라!

모두 +를 넣으면 9+8 +7+6+5+4+3+ 2+1=45가 되지. 이 중 어떤 수 앞의 +가 ― 로 바뀌면 얼마가 줄어들까?

2 간단히 하여 해결하기

꼬마 요괴 8명이 한 자리에 모여 둘러 앉아 있습니다.

한입 요괴

잠만자 요괴

멍하니 요괴

장난 요괴

딴소리 요괴

딴짓 요괴

울보 요괴

거꾸로 요괴

너희들 모두 서로 한 번씩 마법 대결을 해서 마법 실력을 키워야 한다.

대마왕

지나가던 지오, 태경, 아인이가 그 광경을 보았습니다.

저렇게 많은 요괴들이 모두 대결을 하면 엄청 시끄러울 거야. 도대체 경기를 몇 번이나 하는 걸까?

지오

일단 세어 보지 뭐. 울보와 멍하니, 한입과 딴소리, 거꾸로와 잠만자, 장난과 딴짓, ……. 도저히 셀 수가 없어.

태경

무작정 센다고 해서 문제를 해결할 순 없어. 간단한 경우부터 알아보면 규칙을 찾을 수 있을 거야.

아인

❸ 꼬마 요괴가 2명, 3명, 4명일 때의 경기 수를 각각 구하시오.

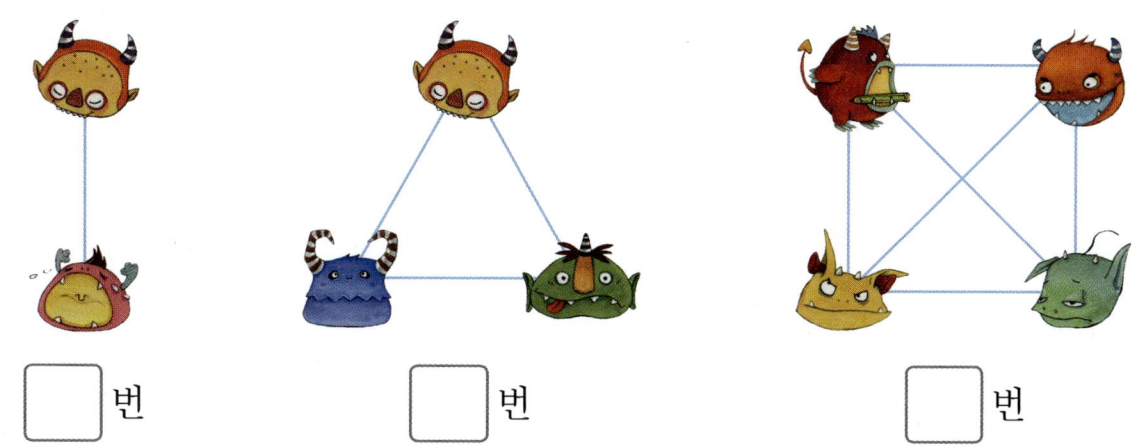

[ ]번　　　　[ ]번　　　　[ ]번

❹ 꼬마 요괴가 5명일 때 대결하는 요괴끼리 선을 그어 경기 수를 알아보고, 꼬마 요괴가 1명씩 늘어날 때마다 경기 수가 어떻게 늘어나는지 쓰시오.

[ ]번

 노크 포인트

복잡한 상황이 주어질 때 문제를 간단히 하여 해결할 수 있습니다.
① 여러 가지 경우로 나누어 따져 봅니다.
② 간단한 경우부터 생각하여 규칙을 찾아봅니다.

 # 수건 돌리기

태경이네 반 학생 24명이 번호 순서대로 둘러 앉아 수건 돌리기를 합니다. 태경이의 번호가 17번일 때, 마주 보는 학생은 몇 번인지 알아봅시다.

❶ 다음은 학생이 4명, 6명, 8명일 때 번호 순서대로 둘러 앉아 있는 그림입니다. 마주 보고 있는 번호를 모두 선으로 이어 보시오.

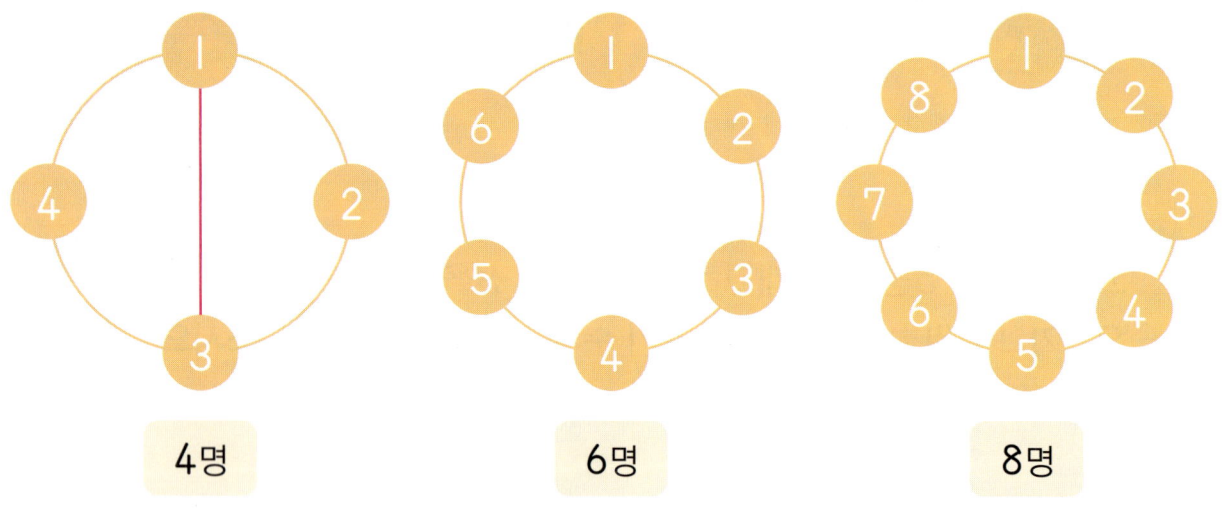

| 4명 | 6명 | 8명 |

❷ 마주 보고 있는 번호의 차와 학생 수는 어떤 관계가 있습니까?

6명일 때, 6-3=3, 5-2=3, 4-1=3으로 마주 보고 있는 수의 차는 모두 같아.

❸ 17번인 태경이와 마주 보는 학생은 몇 번입니까?

[탁자에 앉은 사람 수]

1 지오네 반 학생 14명이 번호 순서대로 원 모양의 탁자에 앉아 있습니다. 5번과 마주 보고 있는 사람은 몇 번인지 구하시오.

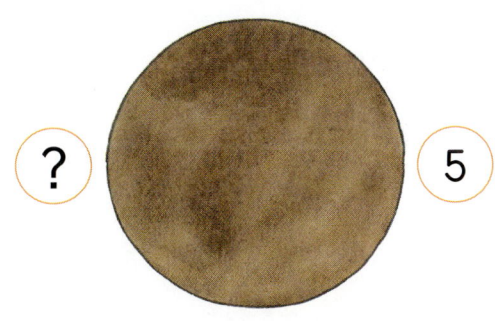

[마주 보고 있는 사람의 번호]

2 학생들이 번호 순서대로 원 모양으로 둘러 앉았습니다. 다음과 같이 마주 보고 있는 번호의 일부를 나타내었을 때, 학생은 모두 몇 명인지 구하시오.

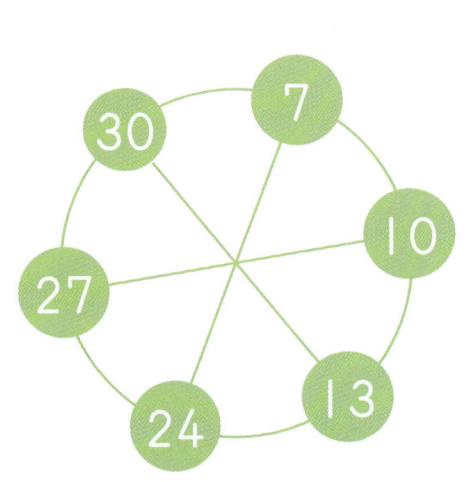

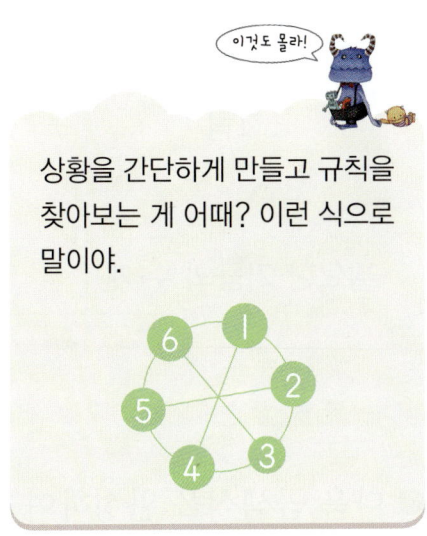

이것도 몰라!

상황을 간단하게 만들고 규칙을 찾아보는 게 어때? 이런 식으로 말이야.

울타리 기둥

정사각형 모양인 땅의 한 변에 기둥을 20개씩 세워 울타리를 만들려고 합니다. 정사각형 땅의 꼭짓점에 반드시 기둥을 세울 때, 필요한 기둥의 수를 구해 봅시다.

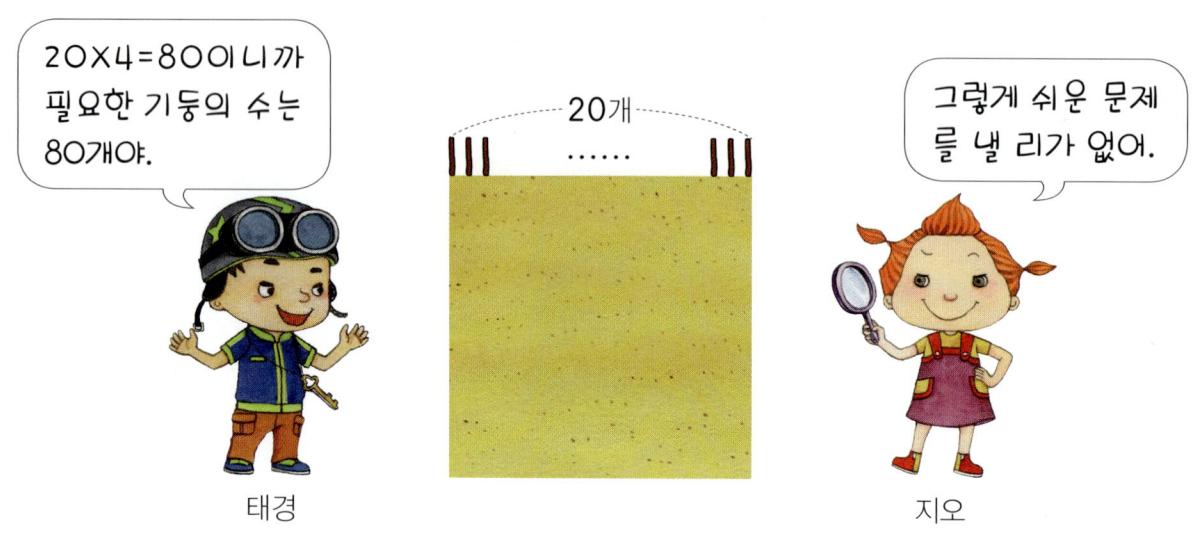

태경: 20×4=80이니까 필요한 기둥의 수는 80개야.

지오: 그렇게 쉬운 문제를 낼 리가 없어.

❶ 한 변에 세우는 기둥이 3개와 4개일 때, 기둥을 점으로 나타내고 필요한 기둥의 수를 곱셈식을 사용하여 구하시오.

한 변에 세우는 기둥의 수(개)	2	3	4
그림			
필요한 기둥의 수(개)	$1 \times 4 = 4$		

❷ 다음 곱셈식을 완성하여 한 변에 기둥을 20개 세울 때 필요한 기둥의 수를 구하시오.

$$\boxed{} \times \boxed{} = \boxed{} \text{(개)}$$

1 [한 변의 바둑돌 수]

육각형의 한 변에 8개씩 바둑돌을 놓으려고 합니다. 육각형의 꼭짓점에 반드시 바둑돌을 놓을 때, 바둑돌은 모두 몇 개입니까?

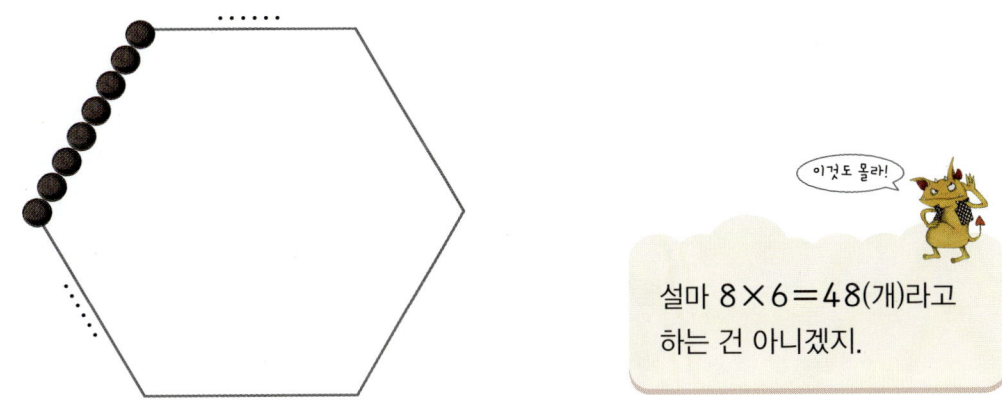

이것도 몰라!

설마 8×6=48(개)라고 하는 건 아니겠지.

2 [기둥의 간격을 알 때]

직사각형 모양의 땅에 울타리를 3 m 간격으로 기둥을 세우려고 합니다. 꼭짓점에 반드시 기둥을 세울 때 필요한 기둥의 수를 구하시오.

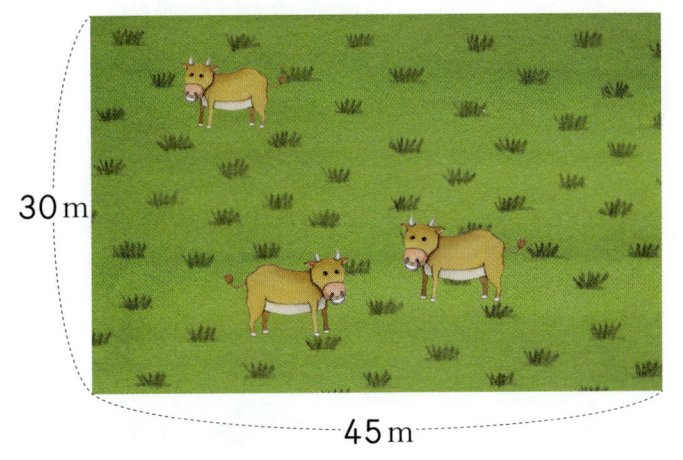

30 m

45 m

이것도 몰라!

한 변에 세우는 기둥의 개수를 각각 구해 봐.

3 거꾸로 해결하기

꼬부랑 할머니가 시장에서 팔고 남은 떡을 가지고 돌아오는 첫 번째 고개에서 호랑이를 만났습니다.

가지고 있는 떡의 절반보다 1개를 더 주면 안 잡아 먹지!

아이고! 호랑이님, 떡을 드리겠습니다. 목숨을 살려주셔서 고맙습니다.

할머니는 호랑이가 달라는 대로 떡을 주고 가던 길을 갔지만 두 번째 고개에서도 호랑이를 만났습니다.

호랑이님, 한 번만 더 살려주세요.

할멈. 가진 떡의 절반보다 1개를 더 주면 이번에도 봐주지.

할머니는 다행히 살아서 집으로 돌아왔지만 남은 떡은 **2개**가 전부였습니다.

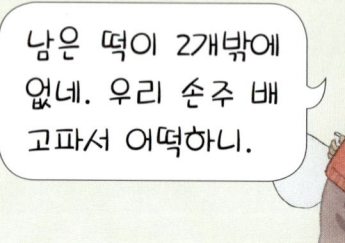

남은 떡이 2개밖에 없네. 우리 손주 배고파서 어떡하니.

할머니 괜찮아요. 저는 할머니만 있으면 행복해요.

🜨 할머니가 두 번째 고개에서 떡을 10개 가지고 있었다면 호랑이에게 몇 개를 주어야 하고, 몇 개가 남습니까?

🜨 할머니는 두 번째 고개에서 절반보다 하나 더 많은 떡을 주고 남은 떡이 2개입니다. 할머니가 두 번째 고개를 넘기 전에 가지고 있던 떡은 몇 개입니까?

🜨 할머니가 첫 번째 고개를 넘기 전에 시장에서 팔고 남은 떡은 몇 개입니까?

노크 포인트

처음 수를 구할 때는 마지막부터 거꾸로 생각하여 해결합니다. 거꾸로 문제를 해결할 때는 ÷는 ×로, ㅡ는 +로 생각합니다.

$$\boxed{6} \rightarrow \div 2 \rightarrow -1 \rightarrow 2$$
$$\times 2 \leftarrow +1 \leftarrow$$

거꾸로 풀기

 # 주고받기

한입 요괴와 울보 요괴가 사탕 12개를 나누어 가졌습니다. 그러나 서로 사탕이 적다고 하며 다음과 같이 다시 주고받았습니다.

사탕이 너무 적어. 내가 가진 사탕 수만큼 나에게 사탕을 줘.

한입 요괴

울보 요괴

한입 요괴에게 사탕을 주고 나니 남은 사탕이 너무 적어. 지금 내가 가지고 있는 사탕의 2배만큼 나에게 사탕을 줘. 엉엉~

이렇게 사탕을 주고받은 후 사탕을 세어 보니 두 꼬마 요괴가 가진 사탕의 수가 6개로 똑같아졌습니다. 처음 두 꼬마 요괴가 나누어 가진 사탕은 각각 몇 개씩인지 알아봅시다.

❶ 사탕을 주고받는 과정을 거꾸로 생각하여 표를 만든 것입니다. 표를 완성하시오.

	한입 요괴	울보 요괴
현재	6개	6개
한입 요괴가 울보 요괴에게 주기 전		
울보 요괴가 한입 요괴에게 주기 전		

❷ 처음 두 꼬마 요괴가 받은 사탕은 각각 몇 개입니까?

 : ☐ 개   : ☐ 개

1 두 바구니 속 구슬을 다음과 같은 순서대로 옮겼더니 두 바구니에 담긴 구슬이 8개로 똑같아졌습니다. 처음 바구니에 담겨 있는 구슬의 수를 각각 구하시오.

① 나에 있는 구슬의 개수만큼 가에서 나로 옮겼습니다.
② 가에 있는 구슬의 개수만큼 나에서 가로 옮겼습니다.

가   나

잘 생각해 봐!

가 바구니에 마지막에 있는 구슬이 8개이려면 ②번대로 옮기기 전에는 구슬이 4개가 있어야 해.

[사탕 주고받기]

2 초이, 태경, 아인 세 사람이 다음과 같은 순서대로 사탕을 주고받았더니 세 사람이 가진 사탕이 12개로 똑같아졌습니다. 초이가 처음에 가지고 있던 사탕은 몇 개입니까?

① 초이가 태경이에게 사탕 5개를 주었습니다.
② 태경이가 아인이에게 사탕 2개를 주었습니다.
③ 아인이는 두 사람에게 사탕을 3개씩 주었습니다.

여러 개의 어떤 수

어떤 수를 도깨비 수 상자에 넣으면 규칙에 맞게 변해서 나옵니다.

3을 도깨비 상자에 넣고, 나온 수를 다시 도깨비 상자에 넣었더니 나온 수가 2입니다.

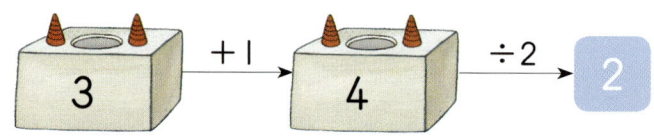

어떤 수를 도깨비 상자에 넣어 나온 수를 다시 도깨비 상자에 넣었더니 4가 나왔습니다. 어떤 수가 될 수 있는 수를 모두 구해 봅시다.

❶ 거꾸로 생각하여 2번째 상자의 수가 될 수 있는 수를 모두 구하시오.

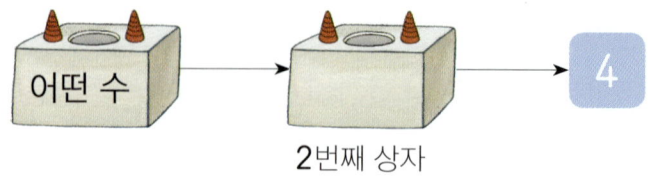

2번째 상자

> 잘 생각해 봐!
>
> 나온 수가 4가 되는 경우는 2가지가 있어. 2가지를 모두 구해야 해.

❷ 한 번 더 거꾸로 생각하여 어떤 수를 모두 구해 보시오.

1 어떤 수를 다음과 같은 규칙으로 계산하였습니다. 계산을 한 번 하고 1이 되면 '1단계의 수', 계산을 두 번 하고 1이 되면 '2단계의 수'라고 할 때, 3단계의 수를 모두 구하시오.

- 홀수는 1을 뺍니다.
- 짝수는 2로 나눕니다.
- 계산 결과가 1이 되면 계산을 멈춥니다.

1단계의 수	2단계의 수
2 → 1	3 → 2 → 1 4 → 2 → 1

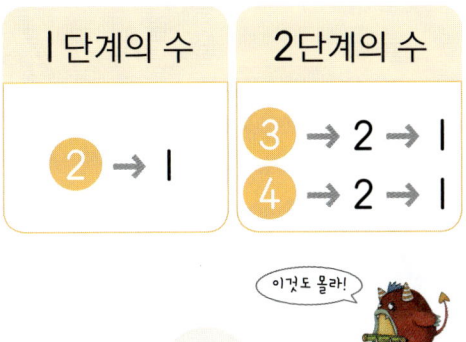

이것도 몰라!

2단계의 수가 3과 4야.
2단계의 수를 이용하여 3
단계의 수를 구하면 되겠어.

[두 숫자의 곱]

2 다음은 한 자리 수가 나올 때까지 십의 자리 숫자와 일의 자리 숫자를 곱한 것입니다. 마지막 한 자리 수가 5가 나오는 두 자리 수를 모두 구하시오.

86 → 48 → 32 → 6

이것도 몰라!

나는 거꾸로 요괴. 거꾸로
생각해야 돼. 5가 나오는 두
자리 수는 15와 51. 15가
나오는 두 자리 수는…….

창의적 문제해결력

1 아인이의 삼촌과 이모의 나이는 1살 차이이고, 나이의 곱은 992입니다. 삼촌이 이모보다 나이가 많을 때, 삼촌의 나이를 구하시오.

30×30=900
40×40=1600

2 ◯ 안에 ＋, ─를 알맞게 써넣으시오.

$$123 \bigcirc 4 \bigcirc 5 \bigcirc 6 \bigcirc 7 \bigcirc 8 \bigcirc 9 = 100$$

모두 '─'를
넣어 봐.

3 전구 36개를 빨간색, 초록색, 파란색이 반복되도록 일정한 간격으로 둥글게 놓았습니다. 25번째 전구와 마주 놓여 있는 전구의 색깔을 구하시오.

첫 번째

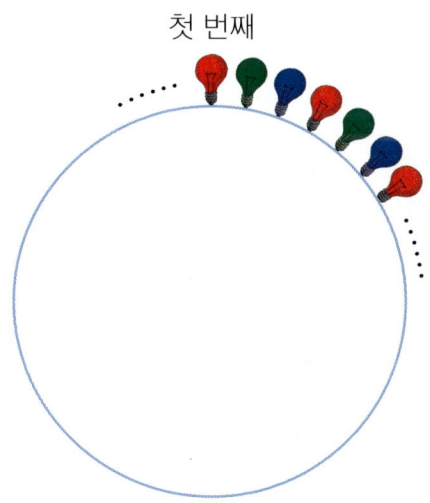

4 보기 와 같이 규칙에 따라 어떤 수를 연속으로 3번 계산하였더니 3이 되었습니다. 어떤 수가 될 수 있는 수를 모두 구하시오.

- 홀수는 1을 더합니다.
- 짝수는 2로 나눕니다.

보기

$$6 \xrightarrow{\div 2} 3 \xrightarrow{+1} 4 \xrightarrow{\div 2} 2$$

Chapter 2

승리 전략

4 님 게임

님 게임은 두 사람이 번갈아 가며 정해진 수의 구슬을 가져가다가 마지막 구슬을 가지고 가면 이기는 전략 게임입니다.

님 게임의 규칙

- 한 번에 1개 또는 2개의 구슬을 가져갈 수 있습니다.
- 두 사람이 한 번씩 번갈아 가며 구슬을 가지고 갑니다.
- 마지막으로 구슬을 가져가는 사람이 이깁니다.

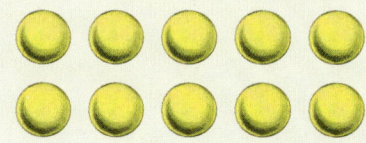

지오와 태경이가 님 게임을 하던 중 지오 차례에 구슬이 **3**개 남았습니다.

내 차례인데……. 어쩌지. 내가 진 것 같아.

지오

내가 이겼어! 지오가 1개 가져가면 내가 2개, 지오가 2개 가져가면 내가 1개 가져가면 되니까 마지막 구슬은 무조건 내 차지야.

태경

지오와 태경이가 님 게임을 하다가 지오 차례에 구슬이 **4**개 남았습니다. 지오가 반드시 이기기 위해 가져가야 하는 구슬의 수만큼 /표 하시오.

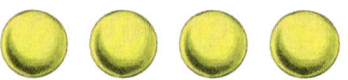

다시 게임을 하다가 지오 차례에 구슬이 **5**개 남았습니다. 지오가 반드시 이기기 위해 가져가야 하는 구슬의 수만큼 /표 하시오.

⊙ 지오 차례에 구슬이 6개 남았습니다. 지오가 몇 개를 가져가더라도 태경이가 반드시 이기는 방법을 설명해 보시오.

 준비물 님 게임1

⊙ 지오가 번갈아 가며 1개 또는 2개를 가져가는 님 게임을 여러 번 해 보고, 반드시 이기는 방법을 발견하였습니다. 알맞은 수에 ◯표 하시오.

> 내가 구슬을 가져가고 (5 , 4 , 3 , 2 , 1)개를 남기면 반드시 내가 이길 수 있어.

 **노크 포인트**

님 게임에서 마지막 남은 구슬부터 거꾸로 생각해 보면 반드시 이기는 방법이 있습니다.

1개 또는 2개를 가져오는 경우	

1개 또는 2개를 남기면 지게 됩니다.	3개를 남긴 후, 상대방이 1개를 가져가면 나는 2개를, 상대방이 2개를 가져가면 나는 1개를 가져가서 반드시 이길 수 있습니다.

3개를 남길 때 반드시 이기므로 자신의 차례에 6개, 9개……와 같이 3개씩 많은 수를 남기면 반드시 이길 수 있습니다.

필승 전략

두 사람이 번갈아 가며 10개의 구슬 중 1개 또는 2개를 가지고 가는 님 게임을 이기기 위한 전략을 알아봅시다.

준비물　님 게임2

활동지를 이용해 님 게임을 직접 해 보렴.
수학 학습에 이런 명언이 있단다.
I hear and I forget 듣기만 한 것은 잊어 버리고
I see and I remember 본 것은 기억되지만
I do and I understand 직접 해 본 것은 이해가 된다.

마법사님. 님 게임은 알다가도 모르겠어요. 이해가 안돼요.

❶ 10번 구슬을 가져가면 이길 때, 반드시 가져가야 하는 구슬은 7번입니다. 7번 구슬을 가져가기 위해 바로 전 차례에 반드시 가져가야 하는 구슬 1개를 찾아 색칠하시오.

1 2 3 4 5 6 ⑦ 8 9 ⑩

❷ 이 님 게임을 이기기 위해 반드시 가져가야 하는 구슬을 모두 찾아 색칠하시오.

1 2 3 4 5 6 7 8 9 ⑩

1 번갈아 가며 1개 또는 2개를 가져가는 님 게임을 하려고 합니다. 전체 구슬의 수가 다음과 같을 때 나중에 하는 사람이 반드시 이길 수 있는 경우를 찾아 기호를 쓰시오.

준비물 님 게임1

㉠ 8개

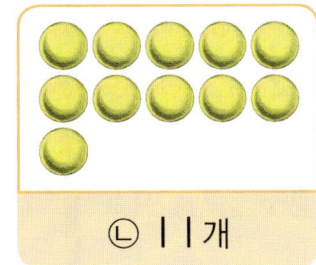
㉡ 11개

㉢ 12개

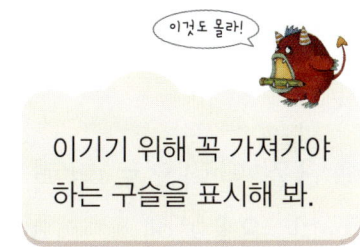
이기기 위해 꼭 가져가야 하는 구슬을 표시해 봐.

[3개까지 가져가기]

2 두 사람이 한 번씩 번갈아 가며 구슬 10개 중 1개 또는 2개, 3개를 가져가는 님 게임을 합니다. 먼저 하는 사람이 반드시 이기기 위해 처음에 가지고 가야 하는 구슬은 몇 개입니까?

준비물 님 게임1

꼭 가져가야 하는 구슬을 표시하면 처음에 몇 개를 가져가야 하는지 알 수 있어.

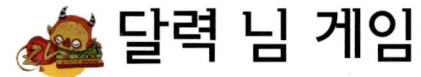

달력 님 게임

달력 님 게임의 규칙을 보고, 승리 전략을 알아봅시다.

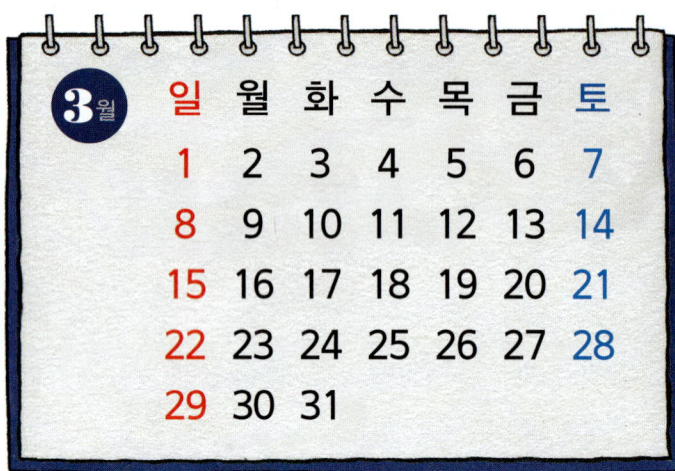

- 두 사람이 번갈아 가며 I일부터 차례로 날짜에 ✕표를 합니다.
- ✕표는 달력의 월을 나타내는 수까지 표시할 수 있습니다.
- 그 달의 마지막 날짜에 ✕표를 하는 사람이 이깁니다.

❶ 3월 달력으로 달력 님 게임을 하면 ✕표는 I개 또는 2개, 3개를 할 수 있습니다. 3I일에 ✕표 하기 바로 전에 며칠을 남겨야 반드시 이길 수 있습니까?

❷ 3월 달력 님 게임에서 3I일에 ✕표 하는 사람이 이깁니다. 3I일에 ✕표 하기 바로 전 차례에 꼭 ✕표 해야 하는 날짜는 며칠입니까?

❸ 3월 달력 님 게임에서 먼저 하는 사람은 첫 번째에 며칠까지 ✕표를 해야 반드시 이길 수 있습니까?

[나중에 하는 사람이 이기는 전략]

1 4월 달력으로 달력 님 게임을 하는데 먼저 하는 사람이 3일까지 날짜를 ✕표 하였습니다. 다음 차례에 나중에 하는 사람이 반드시 이기기 위해서 표시해야 하는 날짜에 모두 ✕표 하시오.

내 차례가 되었을 때 25일에 ✕표 하면 반드시 이길 수 있어.

[누가 유리할까?]

2 9월 달력으로 님 게임을 할 때 먼저 하는 사람이 유리합니까? 나중에 하는 사람이 유리합니까?

잘 생각해 봐!

반드시 지워야 이기는 날짜를 마지막 날부터 거꾸로 찾아봐.

5 님 게임 전략 활용

고누 놀이는 여러 가지 모양의 판을 그리고, 규칙에 맞게 말을 움직여 승부를 벌이는 전통 놀이입니다. 놀이 규칙은 다음과 같습니다.

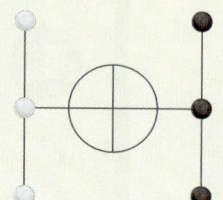

고누 놀이의 규칙

• 두 사람이 말을 3개씩 가지고 시작합니다.
• 번갈아 가며 자신의 말을 1칸씩 움직입니다.
• 상대방의 말이 더 이상 움직일 수 없게 만드는 사람이 이깁니다.

오른쪽 그림은 검은 말이 흰 말을 움직일 수 없게 만들어서 검은 말이 이기게 된 상황입니다.

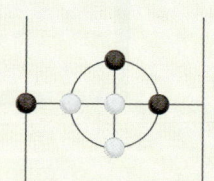

고누 놀이는 우리 나라의 전통 놀이야.

아인

움직이지 못하면 지므로 '꼼짝 마' 게임이라 불러도 되겠다.

태경

고누 놀이의 판을 일직선이 되도록 만들었습니다. 한 번에 1칸씩 움직인다고 할 때 먼저 하는 것과 나중에 하는 것 중 반드시 이기는 순서에 ◯표 하시오.

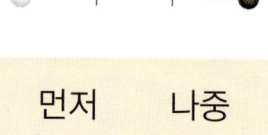

| 먼저 | 나중 |

| 먼저 | 나중 |

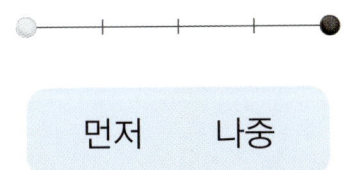 판이 일직선인 고누 놀이에서 말을 한 번에 1칸 또는 2칸을 움직일 수 있도록 규칙을 정했습니다. 먼저 하는 것과 나중에 하는 것 중 반드시 이길 수 있는 방법이 있는 순서에 ◯표 하시오. (단, 상대방 말을 뛰어넘을 수 없습니다.)

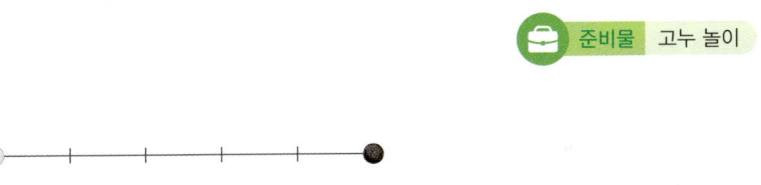

먼저   나중

판이 일직선인 고누 놀이에서 말을 한 번에 1칸 또는 2칸을 움직일 수 있도록 규칙을 정했습니다. 흰 말이 먼저 할 때 반드시 이기기 위해서 흰 말이 움직여야 하는 자리에 ◯표 하시오. (단, 상대방 말을 뛰어넘을 수 없습니다.)

🧳 준비물 고누 놀이

노크 포인트

고누 놀이의 판을 일직선으로 만들어서 움직이는 칸의 수를 늘리면 님 게임의 필승 전략을 적용할 수 있습니다. 놀이판에서 두 말 사이의 눈금이 3개일 때, 한 번에 1칸 또는 2칸 움직일 수 있다면 먼저 움직이는 사람이 불리합니다.

먼저 하는 사람이 1칸 움직이면 나중에 하는 사람은 2칸 움직이고, 먼저 하는 사람이 2칸 움직이면 나중에 하는 사람은 1칸을 움직여서 나중에 하는 사람이 반드시 이깁니다.

움직일 수 있는 칸의 규칙은 같고 놀이판이 더 길어질 때, 자기 차례에 두 말 사이의 눈금이 3개, 6개, 9개……가 되도록 움직이면 반드시 승리합니다.

변형 고누 놀이

일직선 판에 빨간 말과 파란 말을 다음과 같이 놓고 번갈아 가며 한쪽으로 1칸 또는 2칸을 움직일 수 있습니다. 자신의 차례에 말을 더 이상 움직이지 못하면 진다고 할 때, 먼저 하는 사람이 반드시 승리하는 방법을 알아봅시다.

준비물 변형 고누 놀이

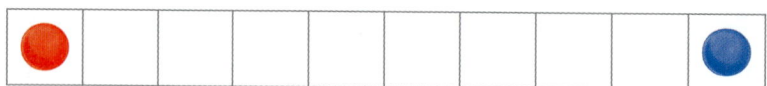

❶ 다음과 같을 때 파란 말이 움직일 차례에서 파란 말이 어떻게 움직이면 반드시 이길 수 있는지 설명하시오.

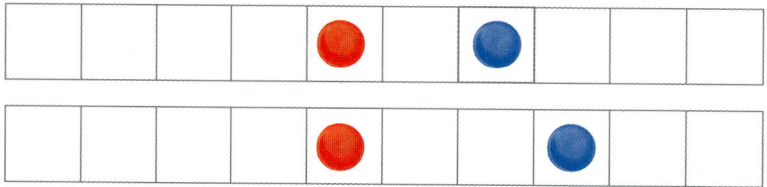

❷ 다음과 같을 때 파란 말이 움직일 차례에서 두 말 사이의 간격이 3칸일 때 빨간 말이 반드시 이기는 방법을 설명하시오.

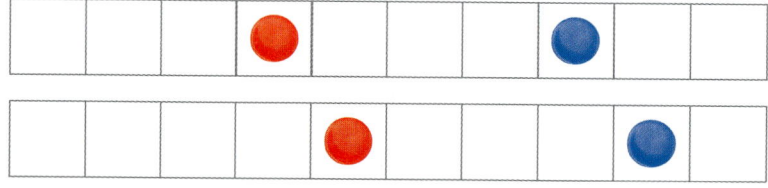

❸ 다음과 같이 파란 말 차례에 두 말 사이의 간격이 6칸일 때, 빨간 말이 반드시 이기는 방법을 설명하시오.

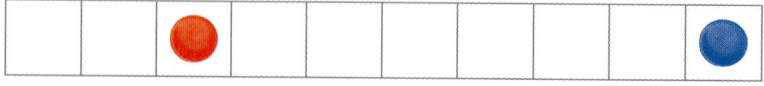

❹ 먼저 하는 빨간 말이 첫 차례에서 반드시 이길 수 있게 말을 움직이는 방법을 설명하시오.

1 세 가지 도형을 여러 개 사용하여 왼쪽부터 순서대로 번갈아 가며 채워서 마지막
에 모양을 채우는 사람이 이기는 게임을 합니다. 처음 하는 사람이 반드시 이기
려면 채워야 하는 도형에 ◯표 하시오.

준비물 패턴블록 님 게임1, 2

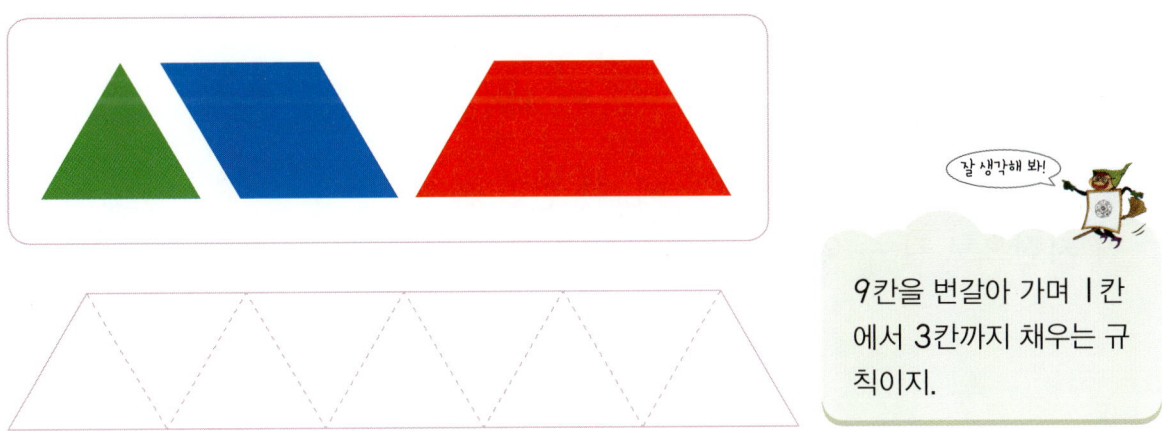

잘 생각해 봐!

9칸을 번갈아 가며 1칸
에서 3칸까지 채우는 규
칙이지.

[누가 이길 것인가]

2 다음과 같은 판 위에 빨간 말과 파란 말이 있습니다. 두 말은 번갈아 가며 한쪽
으로만 1칸부터 3칸까지 움직일 수 있습니다. 자신의 차례에 더 이상 움직일 수
없는 사람이 진다고 할 때, 먼저 하는 사람과 나중에 하는 사람 중 반드시 이길
수 있는 사람은 누구입니까?

준비물 변형 고누 놀이

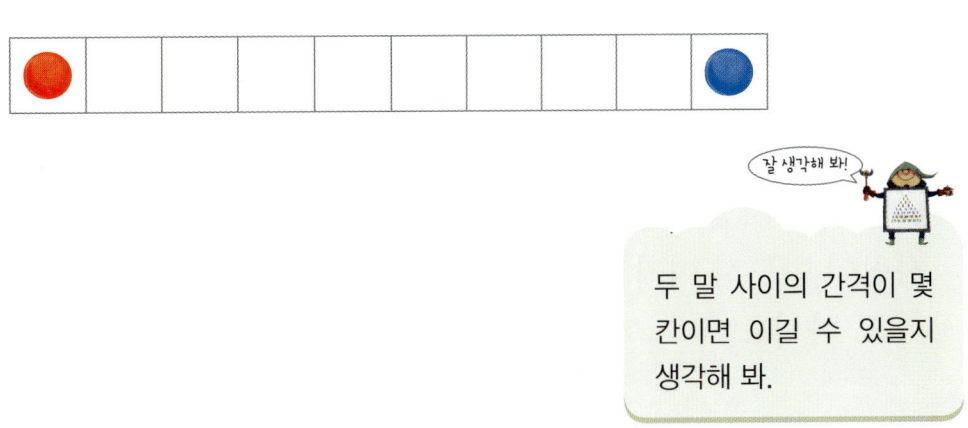

잘 생각해 봐!

두 말 사이의 간격이 몇
칸이면 이길 수 있을지
생각해 봐.

먼저 도착하기

두 사람이 번갈아 가며 말을 오른쪽 또는 아래쪽으로만 1칸부터 3칸까지 움직입니다. 움직이는 중에 방향을 바꿀 수 없고, 자신의 차례에 말을 도착 지점으로 움직이는 사람이 이깁니다. 게임의 승리 전략을 알아봅시다.

준비물 고누 놀이

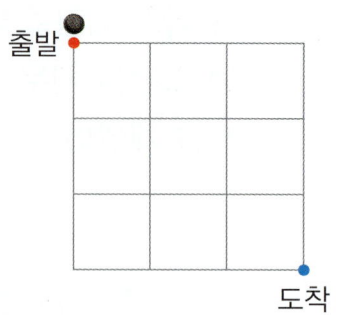

❶ 도착 지점에서 거꾸로 생각할 때, 한 번만 움직이면 도착 지점으로 갈 수 있는 자리를 모두 찾아 ✕표 하시오.

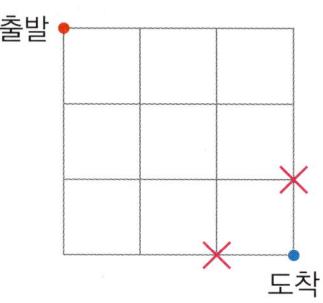

❷ 먼저 하는 사람이 말을 오른쪽과 같이 옮겼습니다. 다음 사람이 반드시 이기기 위해서 말을 옮겨야 하는 자리에 ○표 하시오.

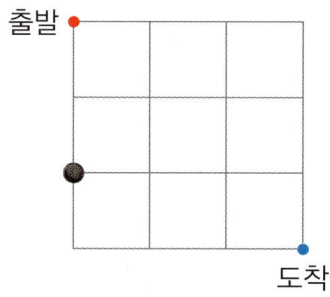

❸ 먼저 하는 사람이 말을 오른쪽과 같이 옮겼습니다. 다음 사람이 반드시 이기기 위해서 말을 옮겨야 하는 자리에 ○표 하시오.

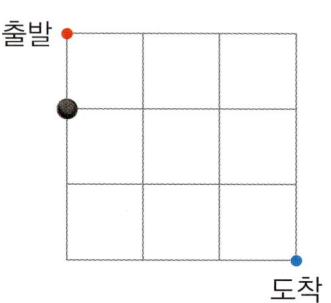

1 다음과 같은 규칙의 게임을 하려고 합니다. 자신의 차례에 말을 도착 지점으로 움직이는 사람이 이길 때, 나중에 하는 사람이 반드시 이기게 되는 승리 전략을 찾아 설명하시오.

준비물 고누 놀이

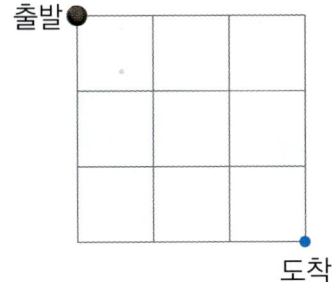

규칙

- 두 사람이 번갈아 가며 말을 오른쪽 또는 아래쪽으로만 움직입니다.
- 움직이는 칸 수는 제한이 없습니다.
- 움직이는 중에 방향을 바꿀 수 없습니다.

[먼저 움직이기]

2 다음과 같은 규칙의 게임을 하려고 합니다. 먼저 하는 사람이 반드시 이기기 위해서 말을 움직여야 하는 자리에 ◯표 하시오.

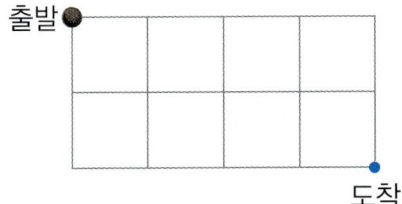

규칙

- 두 사람이 번갈아 가며 말을 오른쪽 또는 아래쪽으로만 1칸부터 3칸까지 움직입니다.
- 움직이는 중에 방향을 바꿀 수 없습니다.
- 자신의 차례에 말을 도착 지점으로 움직이는 사람이 이깁니다.

6 따라쟁이 전략

두 사람이 세 가지 도형 여러 개로 육각형 **2**개를 채우는 도형 님 게임이 있습니다. 번갈아 가며 도형을 하나씩 육각형에 채우다가 자신의 차례에 육각형 **2**개를 모두 채우는 사람이 이기게 됩니다.

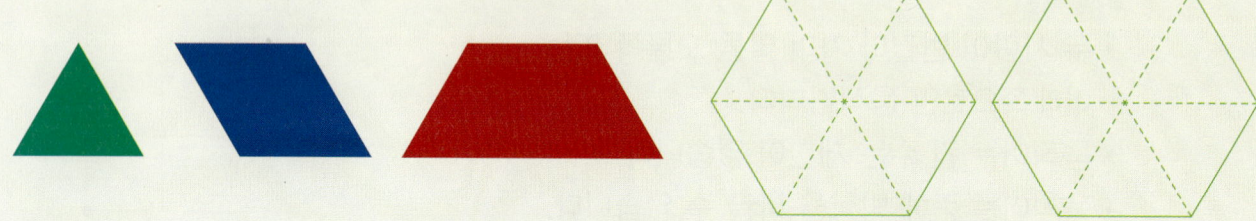

보통은 육각형 하나를 먼저 채우고 두 번째를 채우는 전략으로 이기는 방법이 있다고 생각합니다. 하지만 다음과 같이 먼저 하는 사람이 무슨 모양을 놓든 나중에 하는 사람이 다른 육각형에 똑같이 따라서 놓으면 반드시 이길 수 있습니다.

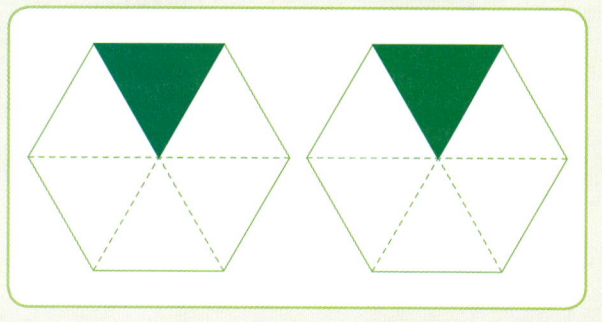

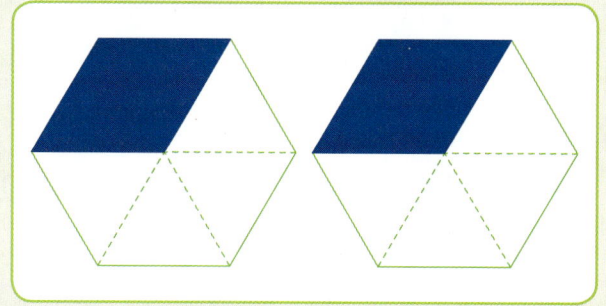

위의 그림에 이어서 먼저 하는 사람이 도형 Ⅰ개를 더 놓았습니다. 나중에 하는 사람이 반드시 이기기 위해서 도형을 놓아야 하는 자리를 그려 보시오.

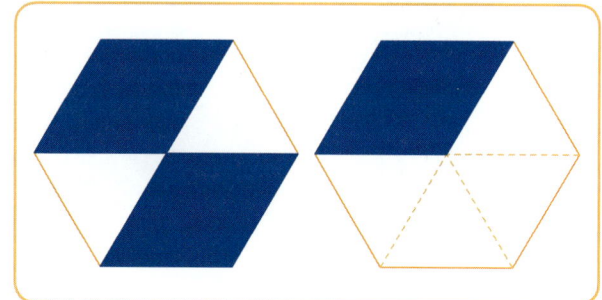

⚙ 두 사람이 번갈아 가며 원을 1개 또는 이웃한 2개씩 색칠하다가 마지막 작은 원을 색칠하는 사람이 이깁니다. 먼저 하는 사람이 다음과 같이 색칠했을 때 나중에 하는 사람이 반드시 이기도록 작은 원을 색칠하시오.

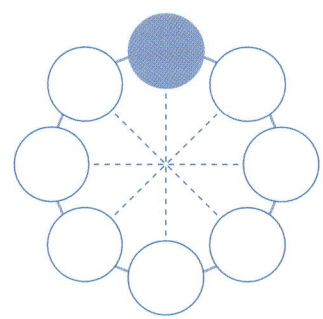 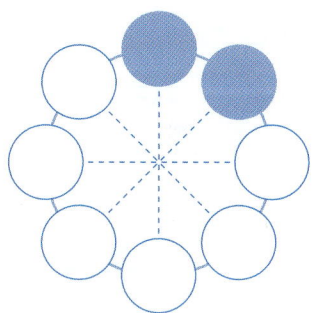

⚙ 두 사람이 번갈아 가며 원 2개를 잇는 선을 선과 선이 겹치지 않도록 그립니다. 더 이상 선을 그릴 수 없는 사람이 진다고 할 때, 이기기 위해 먼저 하는 사람이 처음에 이어야 하는 선을 그려 보시오.

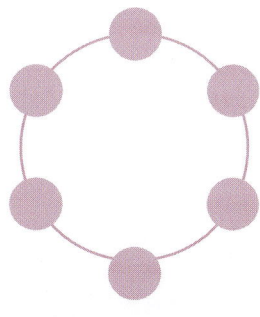

노크 포인트

나중에 하는 사람이 먼저 하는 사람이 가져가거나 그리는 방법을 똑같이 따라하는 전략으로 반드시 이기는 게임이 있습니다.

1칸 또는 2칸을 채워서 마지막에 두 모양을 모두 채우는 사람이 이기는 게임

 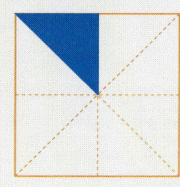 →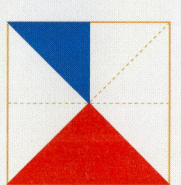

도형 님 게임

두 사람이 세 가지 도형 여러 개로 모양을 빈틈없이 채우는 님 게임을 해 봅시다. 번갈아 가며 도형을 한 개씩 채우다가 마지막에 모양을 채우는 사람이 이깁니다. 게임의 승리 전략을 알아봅시다.

❶ 먼저 하는 사람이 다음과 같이 도형을 각각 놓았을 때 나중에 하는 사람이 반드시 이길 수 있도록 각각 그려 보시오.

준비물 패턴블록 님 게임1, 3

❷ 먼저 하는 사람이 반드시 이길 수 있도록 처음에 놓아야 하는 도형을 알맞은 위치에 그려 보시오.

준비물 패턴블록 님 게임1, 3

이것도 몰라!

남은 부분을 똑같이 둘로 나눌 수 있도록 도형을 놓아 봐.

1 두 사람이 세 가지 도형을 한 개씩 번갈아 가며 채워서 마지막에 모양을 채우는 사람이 이기는 게임을 합니다. 먼저 하는 사람이 반드시 이길 수 있도록 처음에 놓아야 하는 도형을 알맞은 위치에 그려 보시오.

준비물 패턴블록 님 게임1, 4

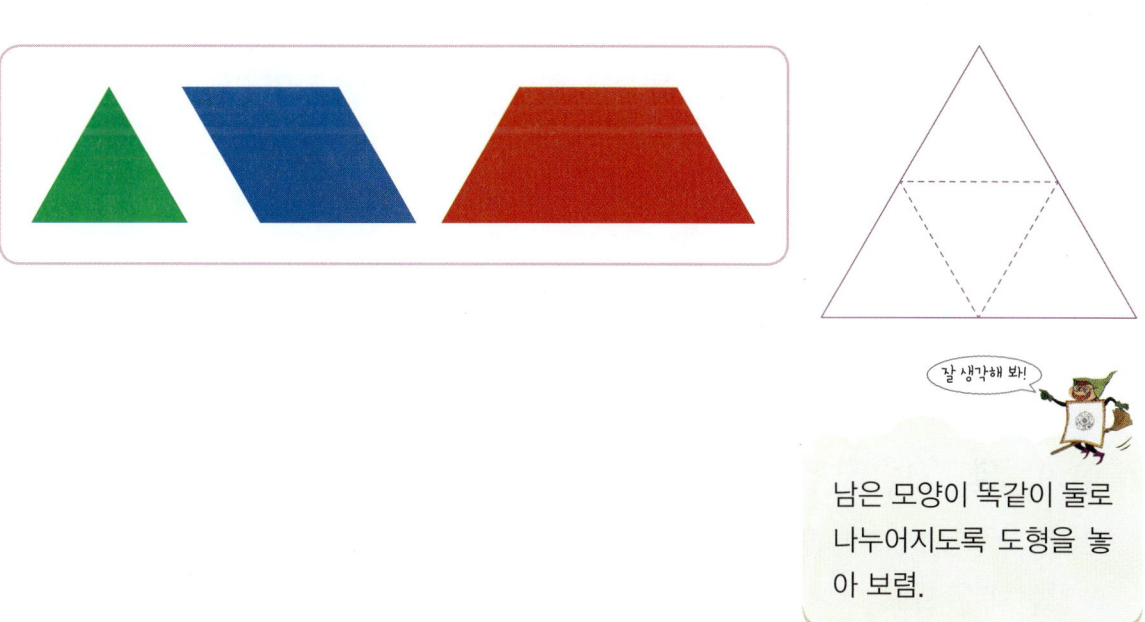

잘 생각해 봐!

남은 모양이 똑같이 둘로 나누어지도록 도형을 놓아 보렴.

[누가 이길까?]

2 두 사람이 세 가지 도형을 한 개씩 번갈아 가며 채워서 마지막에 모양을 채우는 사람이 이기는 게임을 합니다. 먼저 하는 사람이 반드시 이길 수 있도록 처음에 놓아야 하는 도형을 알맞은 위치에 그려 보시오.

준비물 패턴블록 님 게임1, 4

 ## OX 게임

두 사람이 번갈아 가며 빈칸에 ◯, ✕를 채우다가 마지막 칸을 채우면 이기는 게임에서 반드시 이기는 방법을 알아봅시다.

규칙

- 먼저 하는 사람이 ◯, 나중에 하는 사람이 ✕를 번갈아 가며 빈칸을 채웁니다.
- 가로나 세로 중 한 방향으로 한 번에 1개부터 3개까지 채울 수 있습니다.
- 마지막 칸을 채우는 사람이 이깁니다.

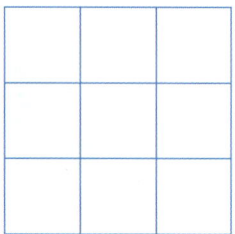

❶ 먼저 하는 사람이 ◯를 1개 채운 다음, 따라하기 전략으로 이기려고 합니다. 먼저 하는 사람이 반드시 이길 수 있도록 ◯를 채우시오.

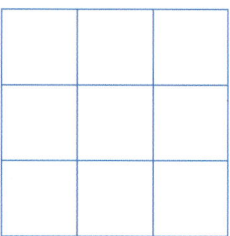

❷ 먼저 ◯를 3개 채워서 남은 부분을 똑같은 모양 2개로 나누었습니다. 먼저 하는 사람이 반드시 이기는 방법을 설명하시오.

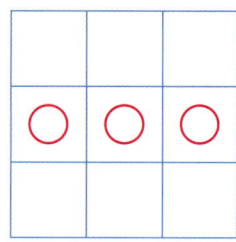

❸ 다음과 같이 먼저 하는 사람이 ◯를 채웠을 때 나중에 하는 사람이 반드시 이기도록 2가지 방법으로 ✕를 채우시오.

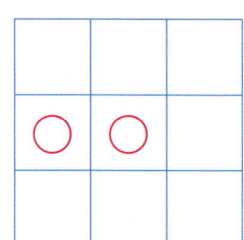   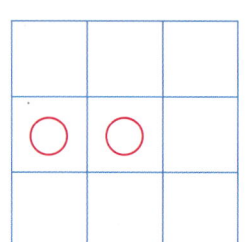

> 잘 생각해 봐!
>
> ✕를 채워 남은 모양을 둘로 똑같이 나눌 수 있어야 해.

1 두 사람이 번갈아 가며 가로나 세로로 ◯, ✕를 1개 또는 2개 채우는 게임입니다. 마지막 칸을 채우면 이길 때 먼저 ◯를 채우는 방법은 2가지입니다. 나중에 하는 사람이 2가지 경우 모두 반드시 이길 수 있도록 ✕를 채워 보시오.

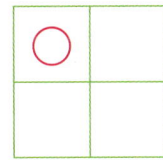　　　　　　　　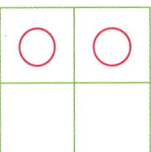

2 두 사람이 번갈아 가며 가로나 세로로 ◯, ✕를 1개부터 3개까지 채우는 게임입니다. 마지막 칸을 채우는 사람이 이길 때, 먼저 하는 사람이 반드시 이길 수 있도록 ◯를 채워 보시오.

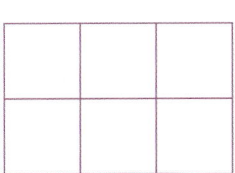　　　　　　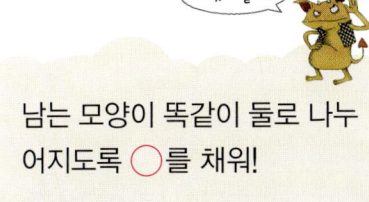

남는 모양이 똑같이 둘로 나누어지도록 ◯를 채워!

1 두 그릇에 있는 구슬을 1개씩 나머지 한 그릇으로 옮기면 세 그릇의 구슬 수가 모두 같아집니다.

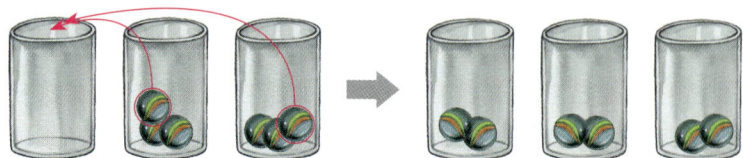

두 그릇에서 같은 수의 구슬을 꺼내어 나머지 한 그릇에 옮기는 것을 2번 반복하여 세 그릇의 구슬 수가 같아지도록 만드는 방법을 그림으로 나타내시오.

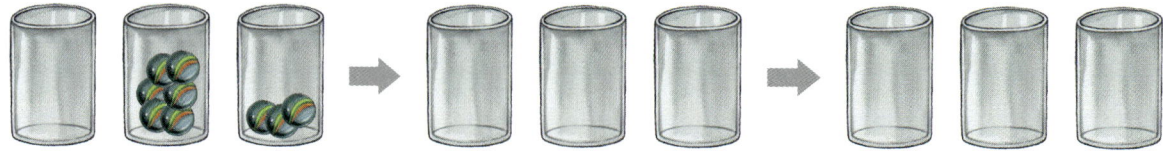

2 규칙이 다음과 같은 게임에서 먼저 하는 사람이 반드시 이기려면 처음에 빨간 말을 몇 칸 움직여야 합니까?

> **규칙**
> • 두 사람이 번갈아 가며 말을 1칸부터 3칸까지 움직입니다.
> • 자신의 차례에 말을 더 이상 움직일 수 없는 사람이 집니다.

🔴											🔵

3 두 사람이 세 가지 도형을 번갈아 가며 채워서 마지막에 모양을 채우는 사람이 이기는 게임을 합니다. 먼저 하는 사람이 반드시 이길 수 있도록 처음에 놓아야 하는 도형을 알맞은 위치에 그려 보시오.

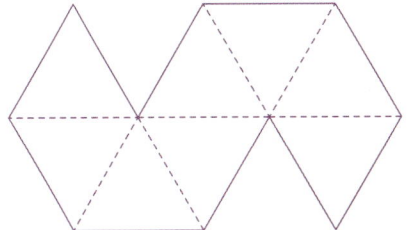

4 태경이와 아인이가 게임판 위에 100원짜리 동전을 1개에서 3개까지 가로 또는 세로 방향으로 번갈아 가며 놓다가 더 이상 놓을 자리가 없는 사람이 지는 게임을 했습니다. 동전을 나중에 놓는 태경이는 다음과 같은 전략으로 자신이 반드시 이길 것이라고 생각했지만, 결과는 아인이의 승리였습니다. 먼저 시작한 아인이의 승리 전략을 설명하시오.

가운데 점을 지나 서로 마주 보도록 계속 따라 하면 이기겠지.

태경

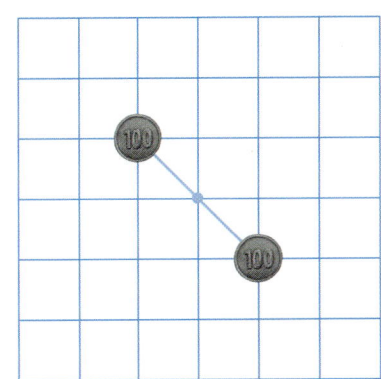

Chapter 3

재치있는 해결

태경이네 할아버지 과수원에서 나무 심기가 한창입니다.

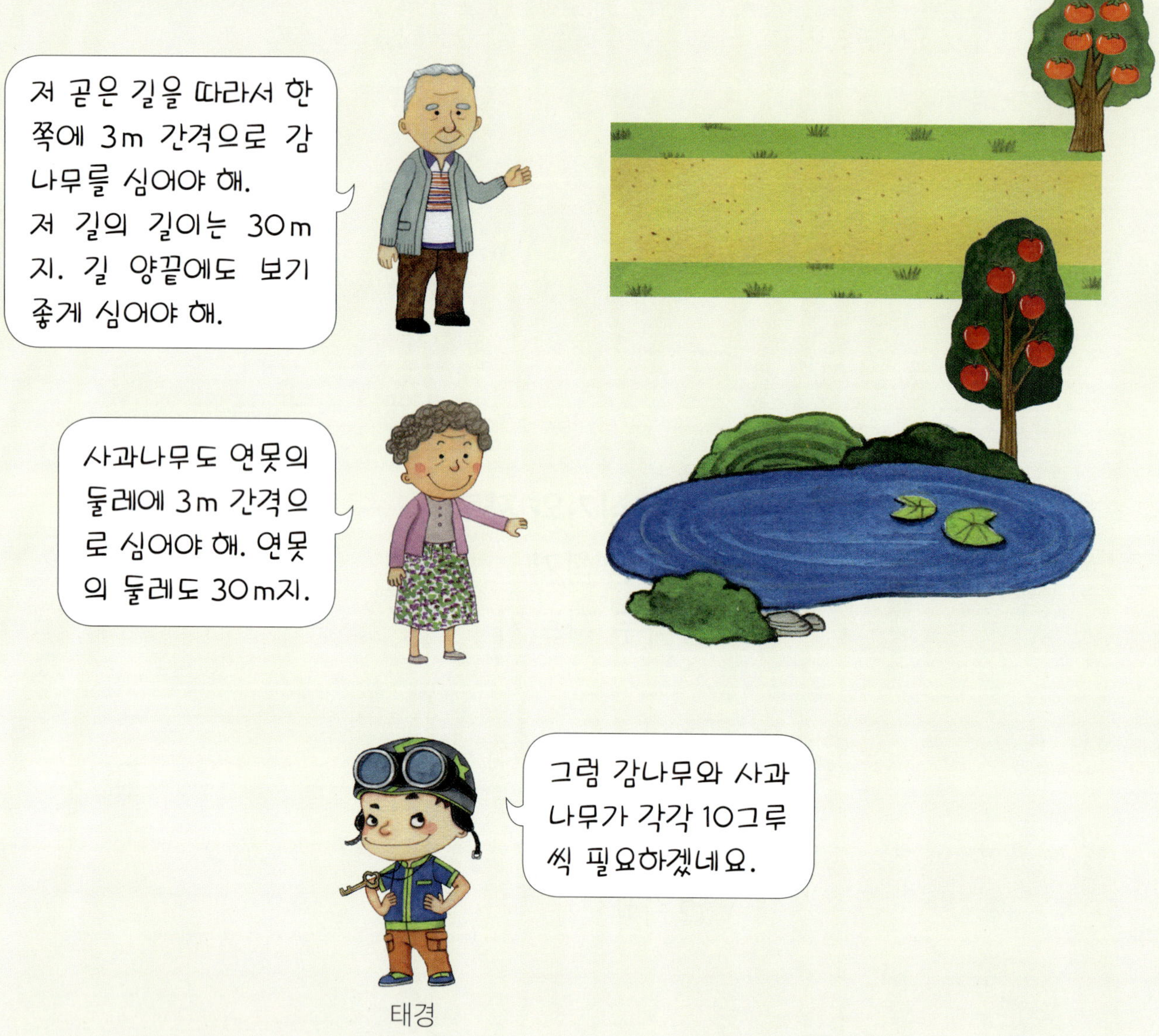

저 곧은 길을 따라서 한 쪽에 3 m 간격으로 감나무를 심어야 해. 저 길의 길이는 30 m 지. 길 양끝에도 보기 좋게 심어야 해.

사과나무도 연못의 둘레에 3 m 간격으로 심어야 해. 연못의 둘레도 30 m지.

그럼 감나무와 사과나무가 각각 10그루씩 필요하겠네요.

태경

태경이의 말대로 감나무와 사과나무를 각각 10그루씩 준비하였습니다. 그런데 나무를 심고 보니 한 그루가 부족합니다. 감나무와 사과나무 중 부족한 나무는 어느 것입니까? (단, 나무의 굵기는 생각하지 않습니다.)

길이가 12 cm인 끈 4개로 여러 가지 모양을 만들었습니다. 1 cm 간격으로 똑같이 점을 찍을 때 점의 수를 구하시오. (단, 일직선 모양의 양 끝에도 점을 찍으며 끈으로 모양을 만들 때 겹치는 부분은 없습니다.)

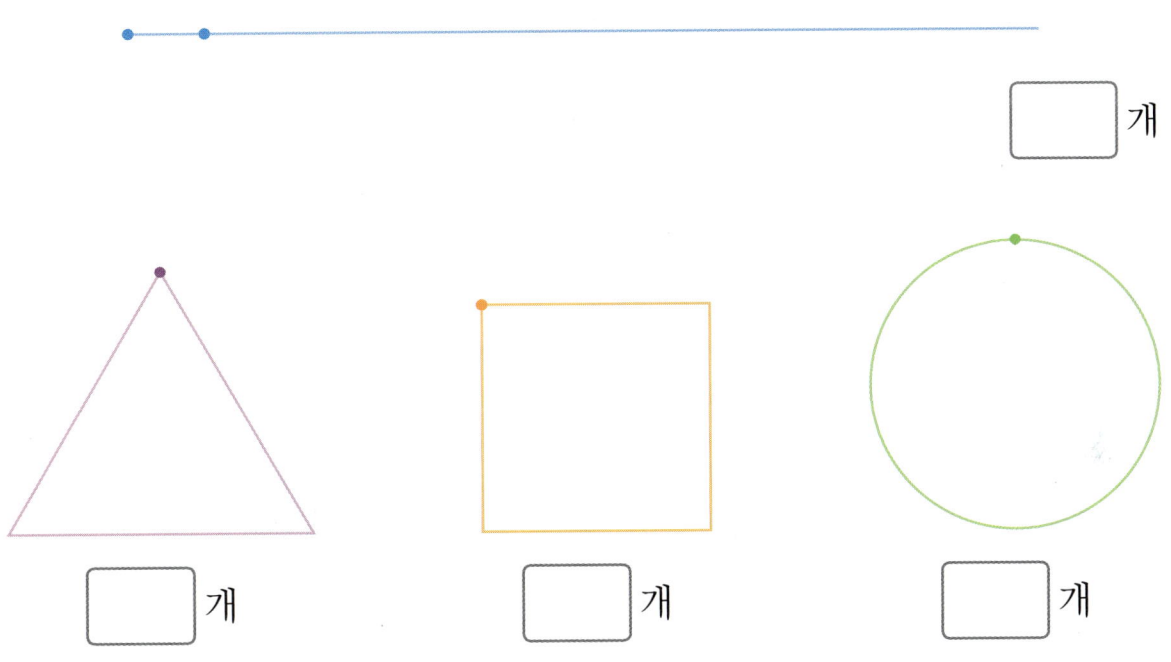

개

개   개   개

노크 포인트

길이가 같은 선분과 원을 길이가 같은 도막으로 각각 자르면, 도막의 수는 같지만 자르는 횟수는 다릅니다.

90 cm 길이의 선분을 3도막으로 나누려면 2번 잘라야 하고, 둘레가 90 cm인 원을 3도막으로 나누려면 3번 잘라야 합니다.

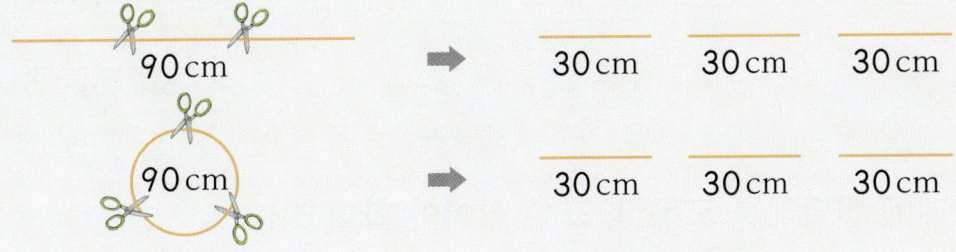

90 cm ➡ 30 cm   30 cm   30 cm

90 cm ➡ 30 cm   30 cm   30 cm

가로수 심기

둘레가 400 m인 호수에 20 m 간격으로 은행나무를 심고, 은행나무와 은행나무 사이에 5 m 간격으로 진달래를 심으려고 합니다. 진달래는 모두 몇 그루 심어야 되는지 구해 봅시다. (단, 은행나무와 진달래의 굵기는 생각하지 않습니다.)

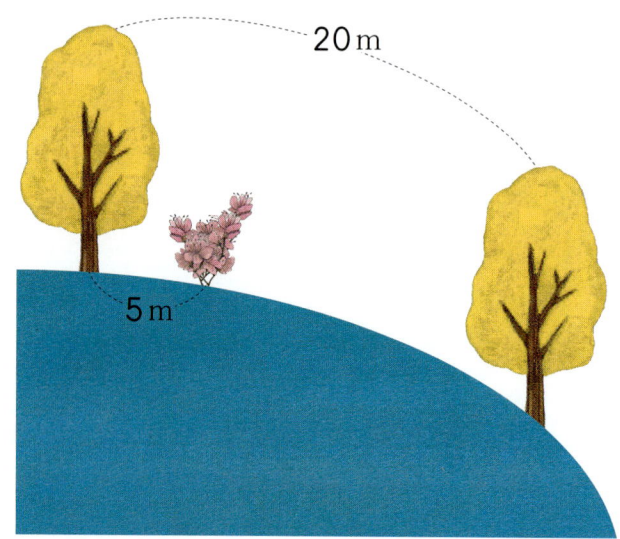

❶ 호수의 둘레를 20 m 간격으로 나누면 몇 개로 나누어 집니까? 또, 필요한 은행나무는 몇 그루입니까?

둘레에 심으면 간격의 수와 나무의 그루 수가 같지.

❷ 은행나무와 은행나무 사이에는 진달래를 몇 그루 심을 수 있습니까?

양끝에 이미 은행나무가 있고 그 사이에만 심을 거야.

❸ 호수 둘레에 진달래를 모두 몇 그루 심어야 합니까?

1 [은행나무, 벚나무]

길이가 270 m인 도로 한쪽에 나무를 심으려고 합니다. 도로의 양끝에서부터 은행나무를 9 m 간격으로 심고, 은행나무와 은행나무 사이에 벚나무를 3 m 간격이 되도록 심을 때, 은행나무와 벚나무는 각각 몇 그루 필요합니까? (단, 나무의 굵기는 생각하지 않습니다.)

이것도 몰라!

은행나무가 간격 수 보다 얼마나 더 많은 지 생각해!

2 [의자]

연못의 둘레에 8 m 간격으로 가로수를 심고, 가로수와 가로수 사이에 의자를 1개씩 놓으려고 합니다. 필요한 의자가 15개일 때, 연못의 둘레를 구하시오. (단, 가로수의 굵기는 생각하지 않습니다.)

🦀 통나무 자르기

톱으로 길이가 4 m인 통나무를 50 cm 간격으로 자르려고 합니다. 한 번 자르는 데 5분이 걸리고 톱질 사이에 2분씩 휴식을 취할 때, 통나무를 모두 자르는 데 걸리는 시간을 구해 봅시다.

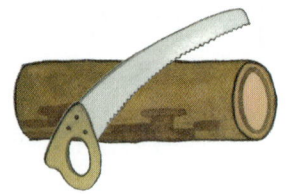

❶ 길이가 6 cm인 실을 한 도막의 길이를 1 cm, 2 cm, 3 cm가 되도록 각각 자를 때, 가위로 자르는 부분에 ◯표 하고, 가위를 각각 몇 번 사용해야 하는지 구하시오.

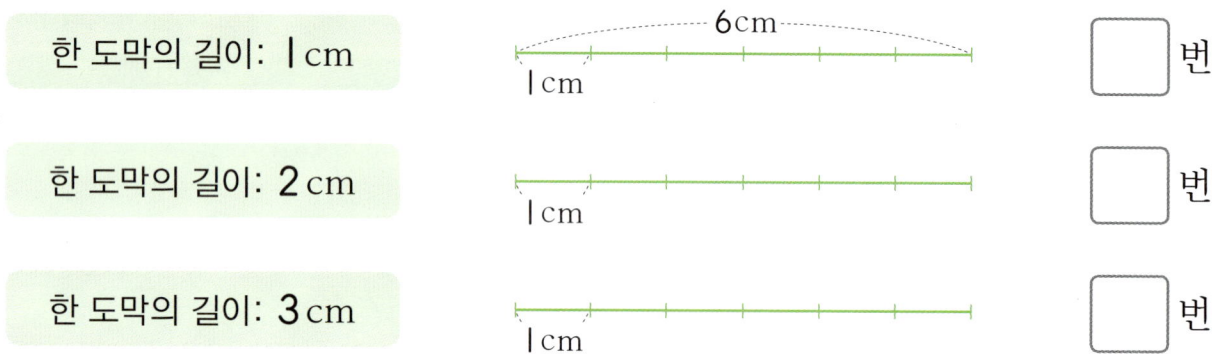

한 도막의 길이: 1 cm		번
한 도막의 길이: 2 cm		번
한 도막의 길이: 3 cm		번

❷ 길이가 4 m인 통나무를 50 cm 간격으로 쉬지 않고 자르려면 톱질을 몇 번 해야 하고, 톱질을 하는 데 몇 분이 걸립니까?

❸ 길이가 4 m인 통나무를 50 cm 간격으로 자를 때 톱질 사이에 2분씩 휴식을 취하면 휴식을 몇 번 하고, 휴식하는 시간은 모두 몇 분입니까?

❹ 통나무를 모두 자르는 데 걸리는 시간은 모두 몇 분입니까?

1 [통나무]

길이가 3 m인 통나무를 60 cm 간격으로 자르려고 합니다. 톱질을 한 번 하는 데 4분이 걸리고, 쉬지 않고 자른다고 합니다. 통나무를 모두 자르는 데 걸리는 시간은 몇 분입니까?

난 쉬지 않고 빨리 자를 수 있지.

2 [파이프]

길이가 120 cm인 파이프를 톱을 사용하여 6도막으로 자르려고 합니다. 한 번 자르는 데 12초가 걸리고, 자르고 나서 5초씩 쉰다고 합니다. 파이프를 모두 자르는 데 걸리는 시간은 몇 초입니까?

이것도 몰라!

몇 번 잘랐는지 구하는 것이 어렵지는 않겠지?

8 연역적 논리

고대 그리스의 철학자 아리스토텔레스가 만든 유명한 논리인 삼단논법입니다.

> 모든 사람은 죽는다.
> 소크라테스도 사람이다.
> 그러므로 소크라테스는 죽는다.

아리스토텔레스

> 아리스토텔레스가 한 말은 옳지.

소크라테스

삼단논법이란 2가지 사실로부터 다른 결론을 이끌어내는 것을 말합니다.
삼단논법에서 주어진 사실이 참이 아니거나 논리를 잘못 전개하면 잘못된 결론이
나올 수도 있습니다.

잘못된 삼단논법의 예

> 모든 아기는 귀여워.

지오

> 태경이도 귀여워.

초이

> 그러므로 태경이는 아기야.

아인

> 내가 아기라고? 말도 안 돼.

태경

태경이의 동생 태돌이는 아기입니다. 삼단논법에 맞게 밑줄 친 곳에 알맞게 쓰시오.

- 모든 아기는 귀여워.
- 태돌이는 아기야.
- → 그러므로 태돌이는 _____.

🕐 다음 중 잘못된 결론을 내린 것을 모두 찾아 쓰시오.

가. 지우는 세영이보다 빠르다.
세영이는 용수보다 빠르다.

➡ 지우는 용수보다 빠르다.

나. 조영이는 겁이 많다.
호인이도 겁이 많다.

➡ 조영이와 호인이는 눈물이 많다.

다. 강인이는 키가 크다.
강인이는 공부를 잘한다.

➡ 키가 큰 사람은 공부를 잘한다.

라. 모든 새는 깃털이 있다.
타조는 새다.

➡ 타조는 깃털이 있다.

노크 포인트

주어진 조건이나 사실을 이용하여 새로운 결론을 이끌어내는 생각의 방법을 연역적 논리라고 합니다.

삼단논법은 두 가지 사실에서 새로운 결론을 이끌어낼 수 있습니다.

곤충은 머리, 가슴, 배로 나누어집니다.
벌은 곤충입니다.
결론: 벌은 머리, 가슴, 배로 나누어집니다.

여러 가지 조건을 둘씩 짝 지을 때는 연역표를 이용하면 편리합니다.

1. 지오, 초이, 태경이는 노란색, 파란색, 초록색 중 서로 다른 색깔을 한 가지씩 좋아합니다.
2. 지오는 노란색을 좋아합니다.
3. 초이는 파란색을 싫어합니다.

색깔	노란색	파란색	초록색
지오	○	✕	✕
초이	✕	✕	○
태경	✕	○	✕

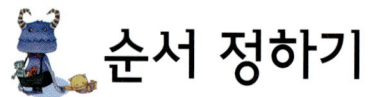 # 순서 정하기

태경, 초이, 세연, 지오, 정수 5명이 달리기를 하고 있습니다. 조건 을 보고 등수를 알 수 있는 사람은 누구이며, 몇 등인지 알아봅시다.

❶ 달리기 순서를 그림으로 나타낸 것입니다. 조건 ③을 보고 세연이의 이름을 알 맞은 곳에 모두 써넣으시오.

❷ 조건 ①을 보고 초이의 이름을 ❶의 알맞은 곳에 모두 써넣으시오.

❸ 조건 ②를 보고 정수와 태경이의 이름을 ❶의 알맞은 곳에 모두 써넣으시오.

❹ ❶에서 등수가 항상 같은 사람은 등수를 알 수 있는 사람입니다. 등수를 알 수 있는 사람은 누구이며, 몇 등입니까?

1 [키 순서 구하기]

지호는 준성이보다 1 cm가 큽니다. 오성이는 지호보다 6 cm 크고, 강수보다는 3 cm 작습니다. 또, 호준이는 오성이보다 4 cm 작습니다. 키가 작은 학생부터 차례로 5명의 이름을 쓰시오.

수직선을 그리고, 각 학생의 키를 표시해 봐.

2 [태경이보다 느린 사람]

태경이네 모둠 6명의 달리기 기록을 비교하였습니다. 태경이보다 느린 사람은 몇 명인지 구하시오.

조건

① 우용이보다 느린 사람은 수진이 밖에 없습니다.
② 태경이는 재성이보다 빠르지만 종연이보다 느립니다.
③ 종훈이는 종연이보다 느리고 태경이보다 빠릅니다.

조건에 맞게 그림을 그려 봐.

연역표

1번 선수부터 4번 선수까지 4명의 선수가 달리기를 하였습니다. 조건 을 보고 등수를 구해 봅시다.

> **조건**
> ① 번호와 등수가 같은 선수는 한 명도 없습니다.
> ② 1번 선수는 4등을 하지 않은 것을 다행으로 생각하였습니다.
> ③ 2번 선수의 바로 앞에 4번 선수가 들어왔습니다.

❶ 연역표에 조건 ①, ②에 맞게 ✕표를 하시오.

등수\번호	1등	2등	3등	4등
1번	✕			✕
2번				
3번				
4번				

1번 선수는 1등도 아니고 4등도 아니야. 2번 선수는 2등이 아니야.
⋮

❷ 1번 선수가 2등인 경우와 3등인 경우가 있습니다. 조건 ③에 맞게 각 경우의 연역표를 완성해 보시오. 또, 각 선수의 등수를 구하시오.

등수\번호	1등	2등	3등	4등
1번	✕	○	✕	✕
2번				
3번				
4번				

등수\번호	1등	2등	3등	4등
1번	✕	✕	○	✕
2번				
3번				
4번				

[아이들의 성]

1 현수, 지성, 오준, 승엽이는 성이 모두 다른데 김, 이, 박, 조씨 중 하나입니다. 다음을 보고 연역표를 사용하여 아이들의 성을 구하시오.

- 현수의 형은 이씨가 아닙니다.
- 지성이는 박씨입니다.
- 오준이의 어머니는 오준이와 다른 성인 이씨입니다.
- 네 명 중 조씨인 아이는 현수와 가장 친합니다.

이름＼성	김	이	박	조
현수				
지성				
오준				
승엽				

잘 생각해 봐!

연역표의 가로, 세로에 ○가 l개씩만 있어야 해.

[친구들의 별명]

2 지오, 초이, 태경, 아인이의 별명은 삐질이, 얌전이, 똑똑이, 척척박사로 모두 다릅니다. 어제 삐질이와 지오는 함께 도서관에 갔고, 똑똑이와 태경이는 함께 축구를 하였습니다. 오늘은 똑똑이와 초이가 얌전이네 집에 놀러갔고, 지오는 바로 집으로 갔습니다. 아인이의 별명은 무엇입니까?

이름＼별명	삐질이	얌전이	똑똑이	척척박사
지오				
초이				
태경				
아인				

이것도 몰라!

삐질이와 지오가 같은 사람이면 함께 도서관에 갈 수 있을까?

9 함정이 있는 문제

고양이 3마리는 3일 동안 쥐 3마리를 잡습니다.

어느 농부가 집안의 쥐를 잡기 위해 고양이 9마리를 사 왔습니다. 그런데 9일 후 농부는 고양이가 잡은 쥐를 보고 깜짝 놀랐습니다.

아니, 이럴 수가!
고양이 9마리가 9일 동안이면
쥐 9마리를 잡아야 하는데…….

고양이 3마리는 3일 동안 쥐 3마리를 잡습니다. 고양이 3마리가 9일 동안에 잡는 쥐는 몇 마리입니까?

고양이 9마리가 9일 동안에 잡는 쥐는 몇 마리입니까?

⊕ 달팽이가 10 m 높이의 우물을 낮에는 3 m 올라가고, 밤에는 2 m 미끄러져 내려옵니다. 달팽이가 우물 바닥에서 출발하여 우물을 빠져 나오는 데 며칠이 걸립니까?

⊕ 하루 동안 2배로 늘어나는 버섯이 있습니다. 어느 동굴에 버섯을 1개 심었더니 10일 후에 동굴이 버섯으로 가득 찼습니다. 같은 동굴에 버섯을 2개 심으면 동굴은 며칠 만에 버섯으로 가득 차게 됩니까?

함정이 있는 문제는 쉽게 답을 구할 수 있을 것처럼 보이지만, 풀다 보면 함정에 빠져서 틀리기 쉬운 문제입니다. 다음은 함정이 있는 대표적인 문제입니다.

• **빈 병 바꾸기**: 빈 병 몇 개를 새 음료수로 바꾸어 주는 문제에서는 바꾼 새 음료수를 먹었을 때 빈 병이 다시 나오므로 또다시 음료수로 바꿀 수 있다는 점에 주의해야 합니다.
• **호떡 굽기**: 여러 개의 호떡을 구울 때는 표를 만들어 호떡을 굽는 순서를 잘 찾아봐야 합니다.

 # 빈 병 바꾸기

어느 가게에서 빈 병 3개를 가져오면 새 음료수 l병으로 바꾸어 준다고 합니다.

빈 병을 모아서 음료수를 마셔야지.

빈 병 3개를 가져오면 새 음료수 1병을 줌.

초이네 모둠에서는 음료수를 l5병 샀습니다. 빈 병을 더 이상 바꿀 수 없을 때까지 바꾸어 마신다면 음료수를 몇 병까지 마실 수 있는지 알아봅시다.

❶ l5병을 모두 마신 후 빈 병 l5개를 새로운 음료수로 바꿉니다. 새로운 음료수를 몇 병 받을 수 있습니까?

❷ 빈 병을 바꾸어 받은 새 음료수를 모두 마신 다음, 빈 병 3개를 다시 새 음료수로 바꿉니다. 남은 빈 병과 새 음료수는 각각 몇 병입니까?

머리를 잘 쓰면 빈 병으로 공짜 음료수를 많이 마실 수 있네.

❸ ❷에서 받은 새 음료수를 마시고 나서 다시 새 음료수를 받을 수 있습니다. 음료수는 모두 몇 병까지 마실 수 있습니까?

[볼펜]

1 어느 문구점에서는 다 쓴 볼펜 4자루를 가져오면 새 볼펜 1자루로 바꾸어 줍니다. 아인이가 다 쓴 볼펜 16자루를 가지고 있을 때, 새 볼펜을 몇 자루까지 받을 수 있습니까?

[요구르트]

2 어느 마트에서 한 병에 200원인 요구르트 빈 병 3개를 새 요구르트 1병으로 바꾸어 주는 행사를 하고 있습니다. 2600원으로 요구르트는 몇 병까지 마실 수 있습니까?

호떡 굽기

호떡을 구울 때 앞면은 3분 동안, 뒷면은 2분 동안 익혀야 합니다. 프라이팬에 호떡을 동시에 2개까지 구울 수 있을 때, 호떡 3개를 가장 짧은 시간 동안 굽는 방법을 찾아봅시다.

난 15분이나 걸리던데. 호떡을 하나씩 구웠어.

난 10분이면 충분해. 호떡 2개를 동시에 굽고, 나머지 호떡 1개를 구웠어.

지오 　　　　　　　　　 초이

❶ 프라이팬에 가능한 빈 자리가 없도록 호떡을 구워야 시간을 줄일 수 있습니다. 호떡 앞면을 1, 2, 3, 뒷면을 ①, ②, ③으로 나타낼 때, 프라이팬에 가능한 빈 자리 없이 굽는 방법을 쓰시오.

시간	1분	2분	3분	4분	5분	6분	7분	8분	9분	10분
굽는 호떡	1	1	1							
	2	2	2							

이것도 몰라!

호떡 하나를 앞뒷면 다 구운 다음, 다른 호떡을 굽는다고? 생각을 바꿔!

❷ 호떡 3개를 굽는 가장 짧은 시간은 몇 분입니까?

[생선 굽기]

1 생선을 구울 때 앞면과 뒷면을 각각 1분 동안 익혀야 합니다. 세 마리의 생선 앞면을 1, 2, 3, 뒷면을 ①, ②, ③이라 할 때, 3분 동안 생선 3마리를 모두 굽는 방법을 그림으로 나타내시오.

1분   2분   3분

[앞면 2분, 뒷면 1분]

2 호떡을 구울 때 앞면은 2분, 뒷면은 1분 동안 익혀야 합니다. 프라이팬에 호떡을 동시에 2개까지 구울 수 있다고 할 때, 호떡 3개를 굽는 데 걸리는 가장 짧은 시간은 몇 분입니까?

잘 생각해 봐!

프라이팬에 가능한 빈자리가 없도록 굽는 방법을 생각해 봐.

창의적 문제해결력

1 어떤 마을의 목수들은 집을 빨리 짓기로 유명한데 항상 똑같은 빠르기로 집을 짓습니다. 이 마을의 목수 9명이 9일 동안 9채의 집을 지었다고 합니다. 목수 3명이 3일 동안 지을 수 있는 집은 몇 채입니까?

2 초이가 건물 |층에서 3층까지 계단으로 뛰어 올라가는 데 |6초가 걸리고, 이 건물의 엘리베이터는 한 층을 올라가는 데 5초가 걸립니다. 초이는 |층에서 뛰어서 올라가고, 지오는 지하 2층에서 엘리베이터를 타고 올라갈 때, 5층에 누가 몇 초 더 빨리 도착합니까? (단, 엘리베이터를 타고 내리는 시간은 생각하지 않습니다.)

3 동물 5마리가 달리기를 하였습니다. 다람쥐와 생쥐가 거짓말을 하였고, 다른 동물들은 참말을 하였다면 1등을 한 동물을 쓰시오.

- 다람쥐: 나는 1등 또는 2등이야.
- 생 쥐: 나는 4등보다는 빨랐어.
- 소 : 처음에는 말보다 앞서고 있었어.
- 말 : 하지만 내가 소보다 먼저 들어왔지.
- 하 마: 나는 생쥐보다 늦게 들어왔어.

생쥐는 거짓말을 했으니 4등 또는 5등이군.

4 빈 병 3개를 가져가면 새 음료수 1병을 줍니다. 음료수 15병을 마시기 위해서는 처음에 적어도 음료수를 몇 병 사야 합니까?

Chapter 4

논리 퍼즐

자리 배치하기

어느 목장에서 서로 붙어 있는 6칸의 우리에 말, 오리, 타조, 소, 닭, 돼지를 키우고 있습니다. 그런데 목장 주인이 다음과 같은 이유로 동물들의 자리를 옮기려고 합니다.

• 닭은 해 뜨는 것이 잘 보이도록 가장 동쪽에 있는 우리로 옮겨야 합니다.
• 말과 소는 서로 싸워서 이웃하지 않도록 합니다.
• 타조는 돼지를 괴롭히므로 이웃하지 않도록 합니다.
• 돼지는 자리를 옮기지 않습니다.
• 소와 닭은 사이가 좋아서 서로 붙여둡니다.

조건에 맞도록 각 우리에 동물의 이름을 써넣으시오.

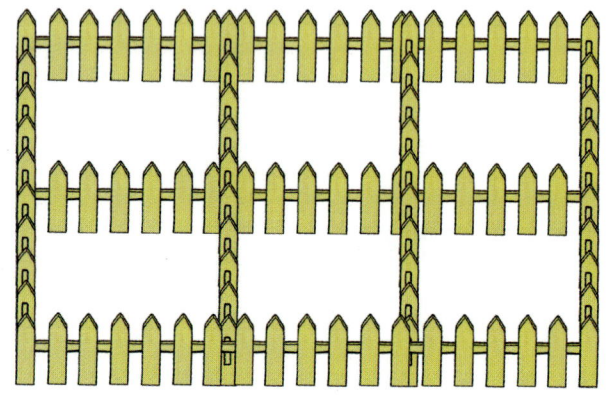

8 지오, 초이, 태경, 아인이가 나란히 앉았습니다. 조건 을 보고 ⬜ 안에 알맞은 이름을 써넣으시오.

조건
- 지오는 아인이와 이웃한 자리이고, 태경이와는 이웃하지 않았습니다.
- 초이는 아인이와 태경이와 이웃하여 앉았습니다.
- 태경이는 초이의 왼쪽에 앉았습니다.

지오   초이   태경   아인

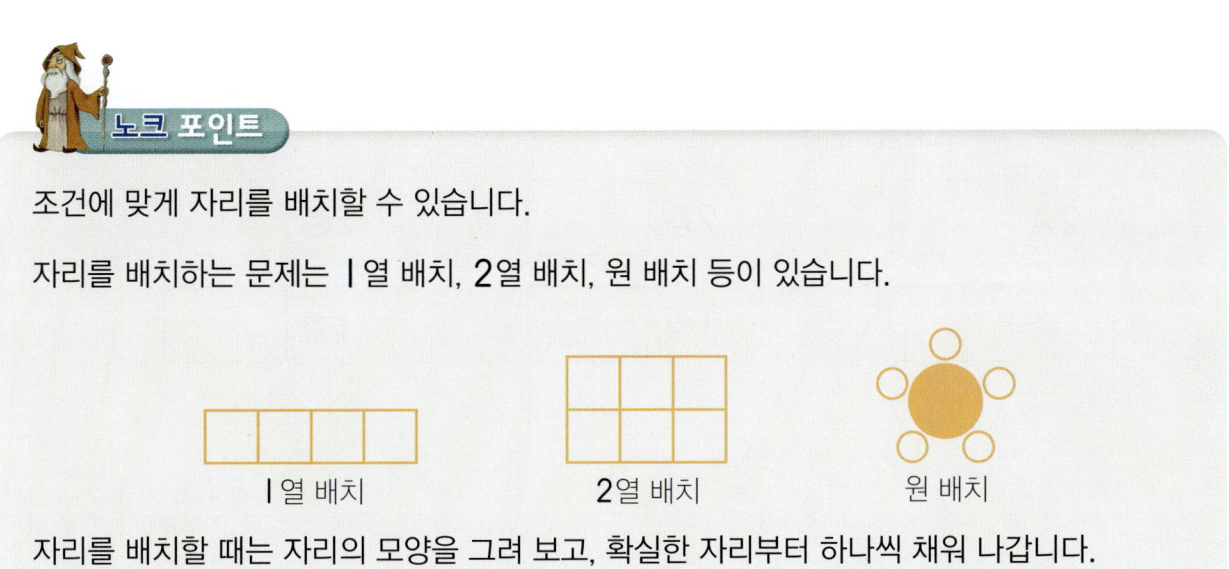

노크 포인트

조건에 맞게 자리를 배치할 수 있습니다.

자리를 배치하는 문제는 1열 배치, 2열 배치, 원 배치 등이 있습니다.

1열 배치   2열 배치   원 배치

자리를 배치할 때는 자리의 모양을 그려 보고, 확실한 자리부터 하나씩 채워 나갑니다.

2층 침대 배정

2층 침대가 3개 있습니다. 다음 대화를 보고, 6명의 친구들에게 자리를 알맞게 배치해 보시오.

나는 1층에서 잘게.

우리는 같은 층의 이웃한 자리에서 나란히 잘게.

나는 1층에서 잘 거야.

나는 우용이 위의 2층에서 잘래.

나는 맨 왼쪽 침대에서 잘래. 연우와 같은 침대는 아니었으면 좋겠어.

태경   연우   아인   우용   범상   정환

2층 [ ]   2층 [ ]   2층 [ ]

1층 [ ]   1층 [ ]   1층 [ ]

1 **[가게의 위치]**
거리에 서점, 약국, 편의점, 식당, 부동산, 우체국이 있습니다. 다음을 보고 빈칸에 알맞은 가게의 이름을 써넣으시오.

- 우체국은 식당과 나란히 있습니다.
- 편의점 앞에서 바로 길을 건너면 약국입니다.
- 부동산은 북쪽으로 우체국과 마주 보고 있고, 서쪽으로 서점과 나란히 있습니다.
- 서점에서 약국으로 갈 때는 길을 건너지 않아도 됩니다.

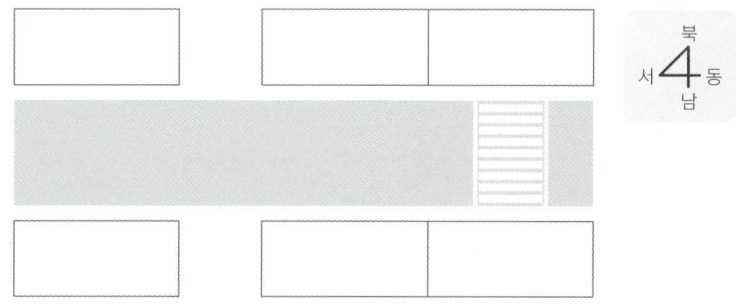

2 **[이웃한 여섯 친구]**
진우, 경호, 태성, 혜진, 오성, 성수는 1번지에서 6번지까지 중 각각 다른 집에서 살고 있습니다. 다음을 보고 2번지에 사는 사람을 쓰시오.

- 진우네 집과 경호네 집은 서로 이웃해 있습니다.
- 성수네 집은 진우네 집과 가장 멀리 떨어져 있고, 진우네 집보다 북쪽에 있습니다.
- 경호네 집의 북쪽에 오성이가 삽니다.
- 혜진이네 집은 진우네 집의 서쪽에 있습니다.

1번지	4번지
2번지	5번지
3번지	6번지

 # 원탁의 자리

둥근 탁자에 태경이와 할머니, 어머니, 아버지, 동생이 앉아 있습니다. 조건 을 보고 자리를 알맞게 배치해 봅시다.

조건
• 어머니는 아버지의 오른쪽에 앉아 있습니다.
• 할머니와 동생은 떨어져 있습니다.
• 동생의 왼쪽에 있는 사람은 어머니가 아닙니다.

❶ 첫 번째 조건 을 보고 아버지의 자리를 찾아 ☐ 안에 써넣으시오.

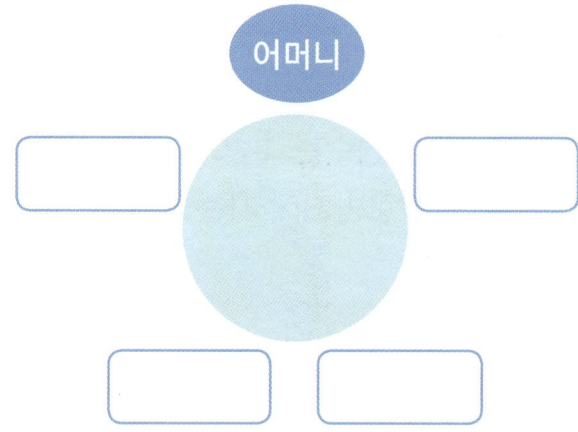

❷ 두 번째 조건 을 보고 ❶의 남은 자리 중 할머니와 동생이 앉을 수 없는 자리를 찾아 ☐ 안에 태경이를 써넣으시오.

❸ 세 번째 조건 을 보고 ❶의 남은 자리의 ☐ 안에 할머니와 동생을 알맞게 써넣으시오.

1 지오, 초이, 태경, 아인이가 네모난 탁자에서 책을 보고 있습니다. 다음을 보고 초이와 마주 앉은 사람의 이름을 쓰시오.

> • 지오와 태경이는 마주 보고 있지 않습니다.
> • 아인이는 책을 다 보면 왼쪽에 앉은 지오에게 주기로 했습니다.

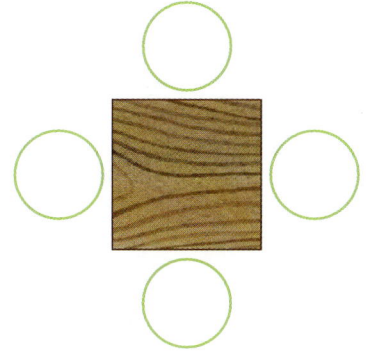

[오른쪽에 누구?]

2 둥근 탁자에 정아, 우용, 범상, 주원, 혜영이가 앉아 있습니다. 정아의 오른쪽에 앉은 사람은 누구입니까?

> • 범상이의 오른쪽에 주원이가 앉아 있습니다.
> • 혜영이의 왼쪽에 우용이가 앉아 있습니다.
> • 정아와 범상이 사이에 주원이가 앉아 있습니다.

이것도 몰라!

귀찮아도 그림을 꼭 그려 봐!

참말과 거짓말

옛날 중국의 초나라에서 창과 방패를 파는 상인이 있었습니다.

이 창은 어떤 방패도 뚫을 수 있소.

이 방패는 어떤 창도 막을 수 있소.

그것을 지켜보던 사람이 "그럼 그 창으로 그 방패를 찌르면 어떻게 됩니까?"하고 물으니 상인은 대답을 하지 못했습니다.

여기서 생긴 말이 창을 뜻하는 한자 '모(矛)'와 방패를 뜻하는 한자 '순(盾)'을 합친 '모순'입니다. 모순은 논리적으로 앞뒤가 맞지 않는 상황을 말합니다.

❸ 항상 참말만 하는 참말나라 사람과 거짓말만 하는 거짓말나라 사람이 만나서 이야기를 하고 있습니다. 두 사람의 이야기 중 논리에 맞지 않는 것을 고르시오.

> ㉠ 참말나라 사람 : "나는 참말만 합니다."
> ㉡ 거짓말나라 사람: "나는 거짓말쟁이입니다."
> ㉢ 참말나라 사람 : "거짓말나라 사람은 항상 거짓말을 합니다."

지오가 3층짜리 책상 서랍에 각각 필기도구, 일기장, 장난감을 하나씩 넣고 서랍에 모두 거짓으로 메모를 붙였습니다. 일기장이 들어 있는 서랍은 몇 층입니까?

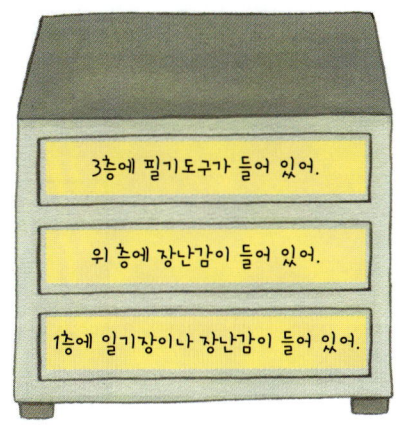

3층에 필기도구가 들어 있어.

위 층에 장난감이 들어 있어.

1층에 일기장이나 장난감이 들어 있어.

이렇게 적어 놓으면 아무도 일기장이 있는 곳을 찾지 못할 거야.

지오

노크 포인트

항상 거짓말을 하는 거짓말쟁이가 "나는 거짓말만 해요."라고 하면 거짓말만 한다고 했는데 거짓말을 한다고 이야기한 것은 참말이므로 논리적으로 맞지 않게 됩니다. 이렇게 논리적으로 맞지 않는 상황을 모순, 영어로는 패러독스(Paradox)라고 합니다.

여러 조건 중 일부가 참이거나 거짓일 때는 하나를 참 또는 거짓이라고 가정하여 논리적으로 모순이 있는지 확인합니다. 모순이 있을 때는 가정을 바꾸어 모순이 없는 결론을 찾습니다.

 # 선물 상자 찾기

어느 퀴즈 프로그램의 도전자에게 마지막으로 주어진 미션입니다. 선물이 들어 있는 상자를 찾아봅시다.

> **최종 미션**
>
> 세 개의 상자 중 하나에 선물이 들어 있습니다. 세 상자에 적힌 말 중 한 상자에 적힌 말만 거짓입니다. 기회는 단 한 번뿐! 한 개의 상자를 선택하세요.

가 — 선물은 이 상자 안에 있습니다.

나 — 선물은 이 상자 안에 있습니다.

다 — 가 상자에는 선물이 없습니다.

❶ 선물이 들어 있는 상자를 **가, 나, 다**로 예상한 각 경우에 상자의 글이 참이면 ○표, 거짓이면 ✕표를 하여 표를 완성하시오.

선물이 든 상자	참 또는 거짓		
	가	나	다
가	○	✕	✕
나			
다			

잘 생각해 봐!

가에 선물이 있다고 예상하면 **가** 상자의 글은 참, **나** 상자의 글은 거짓, **다** 상자의 글은 거짓.

❷ 선물이 들어 있는 것은 어느 상자입니까?

[100점은 누구?]

1 지오, 초이, 태경이 중 한 명이 수학 시험에서 100점을 받았습니다. 다음 중 한 사람만이 거짓말을 했다면 수학 시험에서 100점을 받은 사람은 누구입니까?

[거짓말은 1명]

2 학교에서 축구를 하다가 지오, 초이, 태경, 아인이 중 한 명이 유리창을 깼습니다. 네 명 중 한 명만이 거짓말을 했을 때 유리창을 깬 사람은 누구입니까?

경기 결과 예측

어느 축구대회에서 네덜란드, 한국, 미국이 예선을 치뤄서 이 중 두 팀이 통과했습니다. 지오와 아인이가 예선전의 결과를 예측하였고, 두 사람 모두 예선 통과 두 팀 중 한 팀만 맞혔습니다. 예선을 통과한 두 팀은 어디인지 알아봅시다.

> 지오: 네덜란드와 한국이 예선을 통과합니다.
> 아인: 한국과 미국이 예선을 통과합니다.

❶ 지오의 예측에서 네덜란드가 통과하는 경우와 탈락하는 경우로 나누어 아인이가 예측한 팀 중 예선전을 통과하는 팀은 ○표, 탈락하는 팀은 ✕표 해 보시오.

❷ 예선을 통과하는 팀들을 모두 찾아보시오.

1 [순위 예상]

야구대회에 한국, 일본, 중국, 대만이 참가하였습니다. 전문가 3명이 순위를 예상하였는데 각자 1개 나라만 순위를 맞혔습니다. 야구대회의 순위가 높은 나라부터 차례로 쓰시오. (단, 공동 순위는 없습니다.)

> 전문가 1: 일본 3등, 대만 4등
> 전문가 2: 중국 1등, 일본 2등
> 전문가 3: 한국 1등, 중국 4등

2 [1등 예상하기]

지오, 초이, 태경이가 체육시간에 있을 멀리뛰기 결과를 예상하였습니다. 멀리뛰기를 한 결과 세 사람의 예상 중 1개씩만 맞혔습니다. 멀리뛰기에서 1등을 한 사람은 누구입니까?

> 지오: 나는 1등을 하지 못할 거야. 태경이도 1등을 하지 못할 거야.
> 초이: 나도 1등을 하지 못할 거야. 지오도 1등을 하지 못할 거야.
> 태경: 나도 1등을 하지 못할 거야. 초이가 1등을 할 거야.

잘 생각해 봐!

1등이 누군지 가정하면 되겠지?

여러 가지 논리 퍼즐

유명한 컴퓨터 게임 중 하나인 지뢰찾기는 한 칸을 둘러싼 칸에 있는 지뢰의 수를 보고 지뢰의 위치를 찾는 게임입니다.

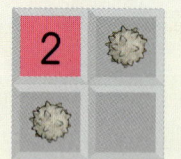

색칠한 칸을 둘러싼 지뢰가 **2**개 있습니다.

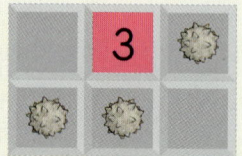

색칠한 칸을 둘러싼 지뢰가 **3**개 있습니다.

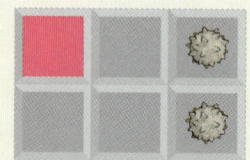

둘러싼 지뢰가 없으면 칸을 비워둡니다.

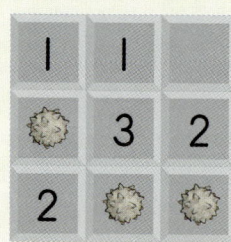

게임의 전략을 찾으면 그게 수학이야.

오른쪽 빈칸에 각 칸을 둘러싸고 있는 지뢰의 수를 써넣으시오.

각 칸을 둘러싸고 있는 지뢰의 수를 표시한 것입니다. 지뢰가 있는 곳을 찾아 ○표 하시오.

① 규칙을 보고 점과 점 사이를 선으로 이어 보시오.

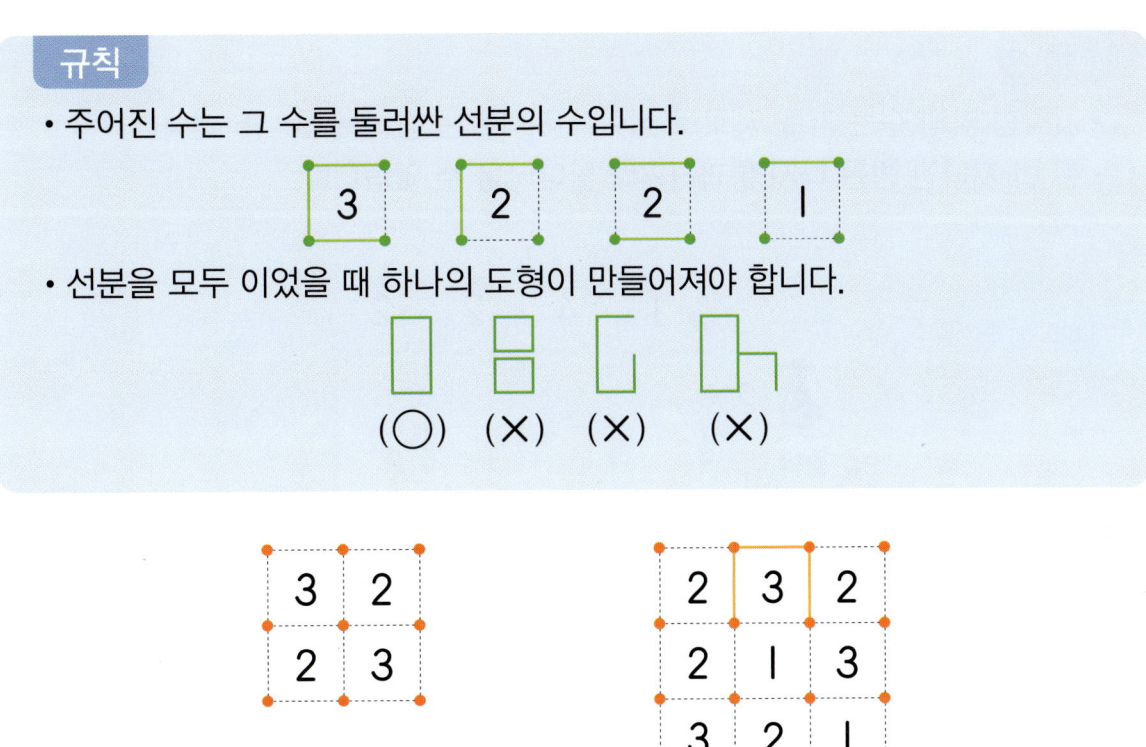

규칙

- 주어진 수는 그 수를 둘러싼 선분의 수입니다.

3 2 2 1

- 선분을 모두 이었을 때 하나의 도형이 만들어져야 합니다.

(○) (✕) (✕) (✕)

3	2
2	3

2	3	2
2	1	3
3	2	1

노크 포인트

논리 퍼즐을 풀 때에는 분명히 알 수 있는 것부터 표시하여 답을 찾아갑니다. 결과를 예상하여 여러 번의 과정을 거쳐 답을 찾을 수도 있습니다.

2의 둘레에 빈칸이 2개이므로 지뢰 2개의 위치를 찾을 수 있습니다.

(✕) (○)

남은 두 칸 중 왼쪽에 지뢰가 있다고 예상하면 왼쪽 그림은 이웃한 칸의 1에 맞지 않습니다. 오른쪽 그림은 모든 조건을 만족합니다.

길 찾기 퍼즐

생쥐가 집을 찾아가려고 합니다. 규칙 을 보고 생쥐가 지나가는 길을 찾아봅시다.

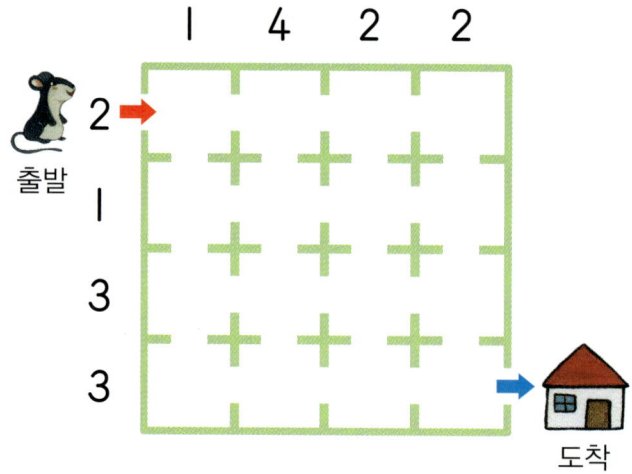

❶ 4가 있는 줄의 방과 입구와 출구가 있는 방은 모두 반드시 지납니다. 나머지 방 중에서 생쥐가 지나는 방은 ◯표, 지나지 않는 방은 ✕표 하시오.

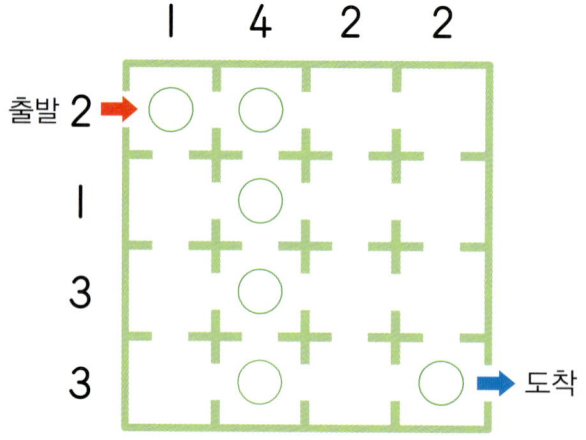

❷ ❶의 그림에 ◯표 한 방을 모두 이어서 생쥐가 지나가는 길을 선으로 그리시오.

1 규칙 에 맞게 집을 찾아가는 길을 선으로 그리시오.

규칙

• 사각형 밖의 수는 가로, 세로로 지나
가는 칸의 수를 나타냅니다.
• 한 번 지나간 칸은 다시 통과하거나
돌아나올 수 없습니다.

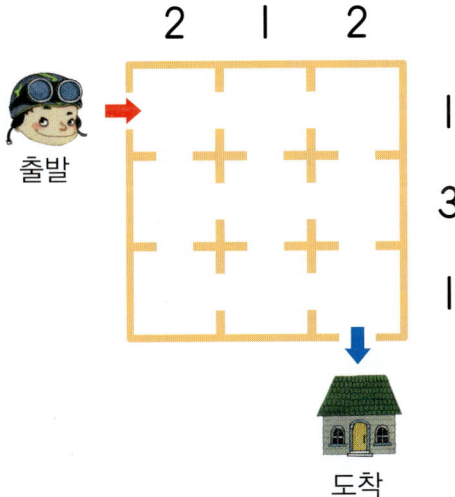

[병아리와 어미 닭]

2 규칙 에 맞게 병아리가 어미 닭을 찾아가는 길을 선으로 그리시오.

규칙

• 사각형 밖의 수는 가로, 세로로 지나가는 칸의 수를 나타냅니다.
• 한 번 지나간 칸은 다시 통과하거나 돌아나올 수 없습니다.

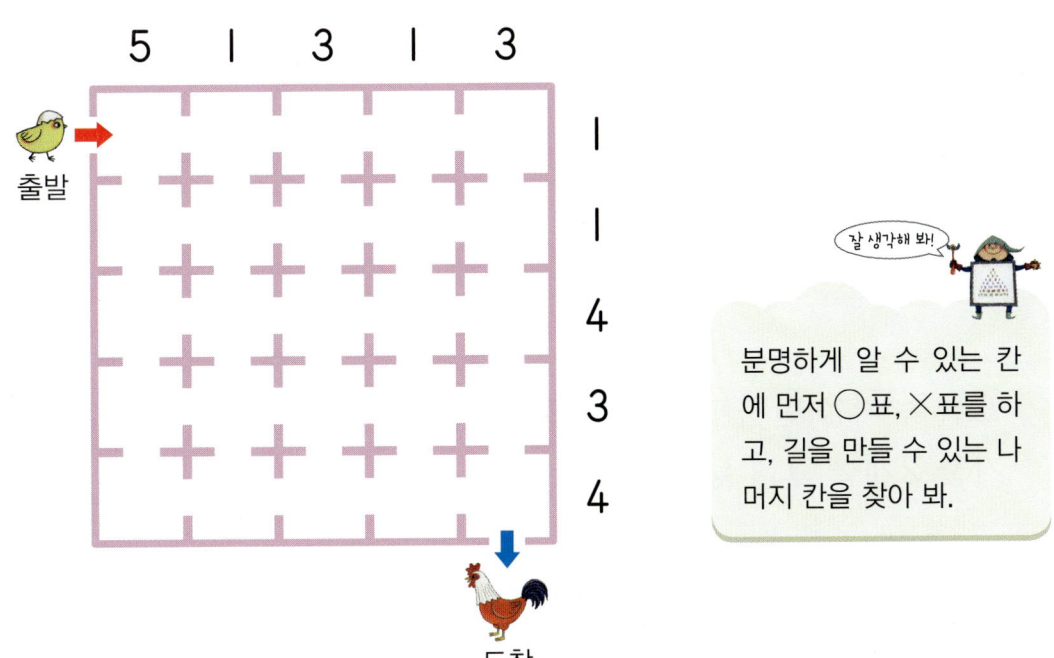

분명하게 알 수 있는 칸에 먼저 ○표, ✕표를 하고, 길을 만들 수 있는 나머지 칸을 찾아 봐.

거울 반사 퍼즐

규칙 에 맞게 거울 반사 퍼즐을 풀어 봅시다.

규칙

• 사각형 밖의 수는 사각형 안에 빛을 비추었을 때 빛이 지나가는 점의 수입니다.

• 빛이 거울을 만나면 ↘ , ↖ , ↗ , ↗→ 와 같이 방향이 바뀝니다.

• 각 칸에는 점 또는 거울이 반드시 놓여 있어야 합니다. (단, 거울은 비스듬한 방향으로만 놓을 수 있습니다.)

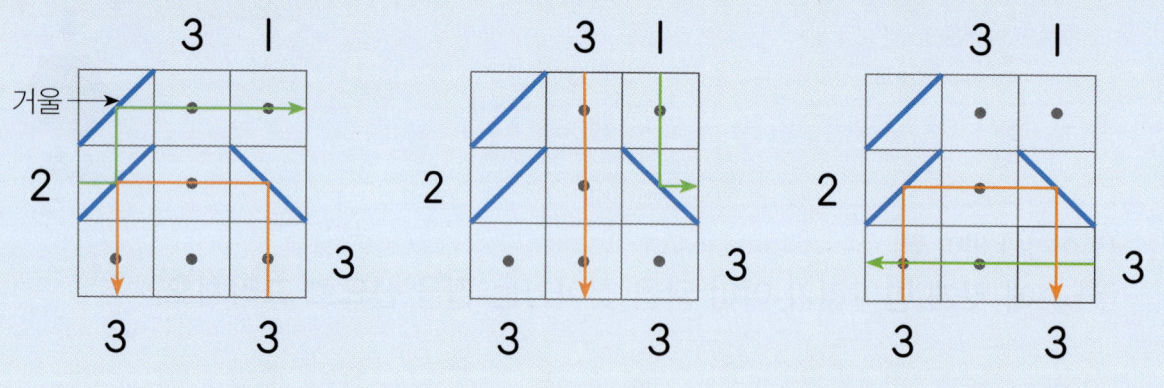

❶ 오른쪽 거울 반사 퍼즐이 규칙 에 맞도록 ☐ 안에 알맞은 수를 써넣으시오.

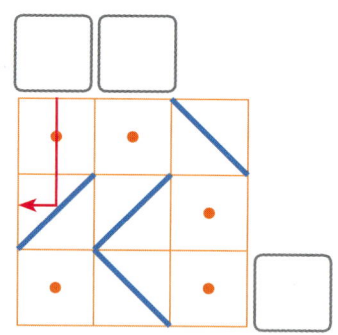

❷ 오른쪽 거울 반사 퍼즐이 규칙 에 맞도록 빈칸에 거울 2개를 그려 넣으시오.

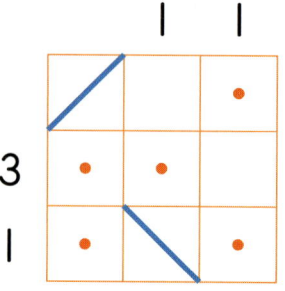

[빛의 경로]

1 사각형 밖의 수는 사각형 안에 빛을 비추었을 때 빛이 지나가는 점의 수입니다. 수가 있는 곳에서 세로 또는 가로 방향으로 빛이 출발하여 지나가는 경로를 모두 그려 보시오.

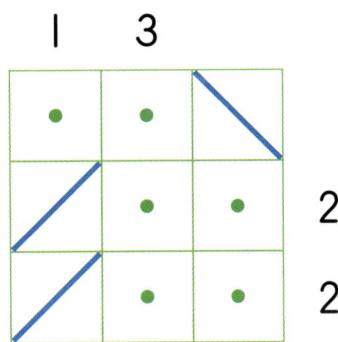

[거울과 점 그리기]

2 규칙 을 보고, 거울의 수에 맞게 점 또는 거울을 놓아 퍼즐을 완성하시오.

> **규칙**
>
> • 사각형 밖의 수는 사각형 안에 빛을 비추었을 때 빛이 지나가는 점의 수입니다.
> • 빛은 수가 있는 곳에서 가로 또는 세로 방향으로 출발합니다.
> • 각 칸에는 점 또는 거울 중 하나가 반드시 놓여 있어야 합니다. (단, 거울은 비스듬한 방향으로만 놓을 수 있습니다.)

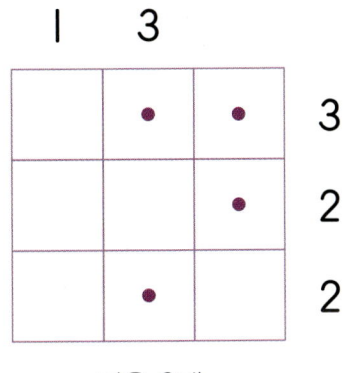

거울 2개

창의적 문제해결력

1 다음은 선생님, 지오, 초이, 태경, 아인이가 둥근 탁자에서 각자 앉고 싶은 자리를 말한 것입니다. 말한 대로 앉은 사람은 아무도 없을 때, 빈 자리에 알맞은 이름을 써넣으시오.

지오: 선생님 옆에 앉고 싶어.
초이: 태경이 옆에 앉고 싶어.
아인: 내 왼쪽 옆에 초이나 태경이가
　　　앉았으면 좋겠어.
태경: 난 지오 옆에 앉고 싶어.

2 다음은 어느 작은 마을에 하나밖에 없는 이발소에 붙어 있는 글입니다. 이 마을의 이발사는 스스로 머리를 자릅니다. 다음 글이 맞지 않는 이유를 설명해 보시오.

"우리 마을은 스스로 머리를 깎는 사람을 제외하고 모두 우리 이발사에게 머리를 깎습니다."

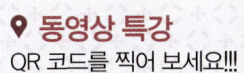 
3 4명 중 한 명만 참말을 하고, 나머지는 모두 거짓말을 하고 있습니다. 참말을 한 사람을 찾아 이름을 쓰시오.

> 지오: 4명 중 1명이 거짓말을 합니다.
> 초이: 4명 중 2명이 거짓말을 합니다.
> 태경: 4명 중 3명이 거짓말을 합니다.
> 아인: 4명 모두 거짓말을 합니다.

4 사각형 안에 아기 오리 4마리가 있습니다. 규칙 에 맞게 엄마 오리가 들어가야 하는 칸에 ◯를 그리시오.

> 규칙
> • 엄마 오리와 아기 오리는 짝을 지어 이웃하여 있습니다.
> • 엄마 오리와 아기 오리는 수가 같습니다.
> • 사각형 위의 수는 그 줄에 있는 엄마 오리의 수를 나타냅니다.
> • 엄마 오리끼리는 가로, 세로로 이웃할 수 없습니다.

0 2 1 1

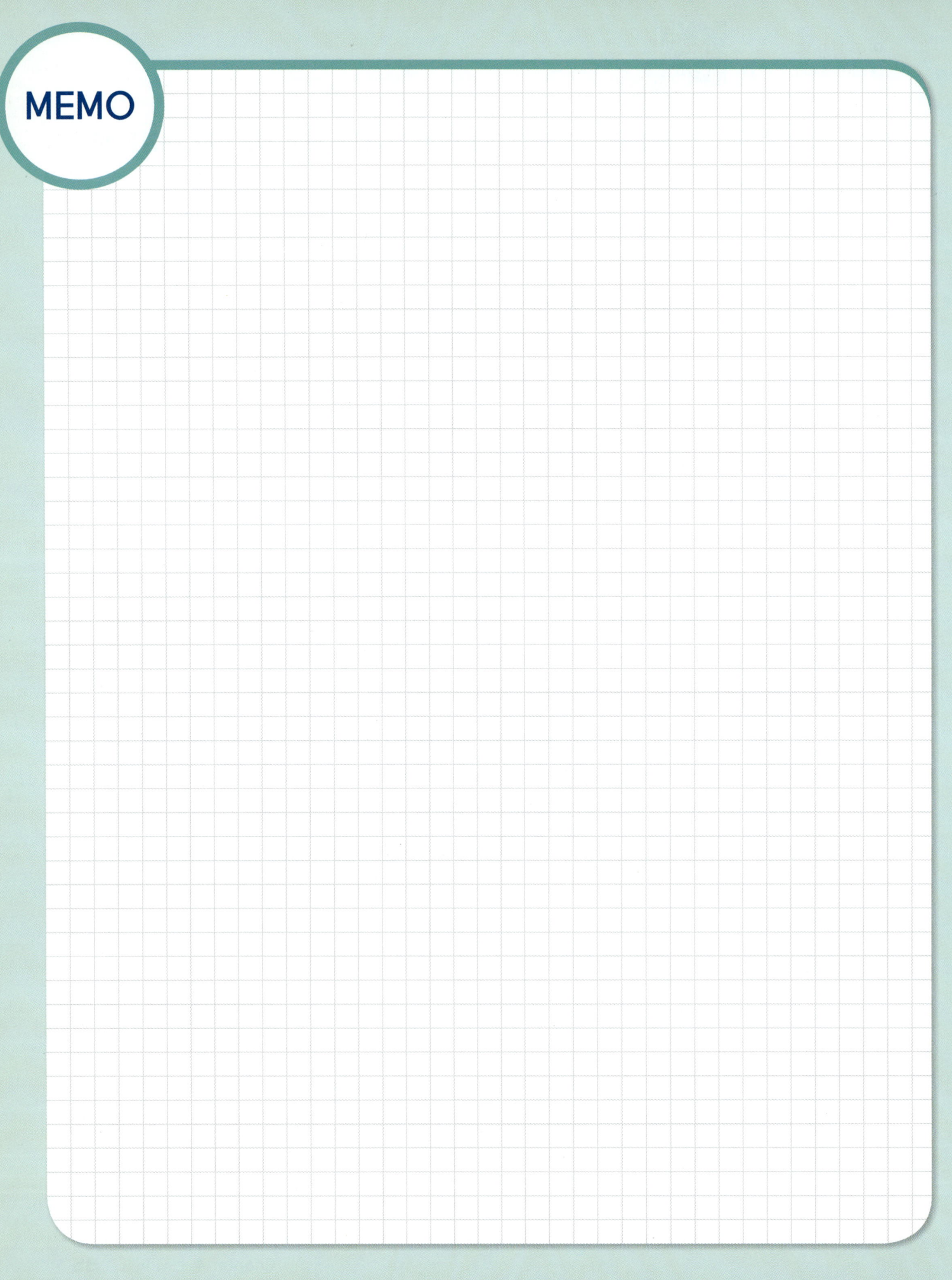

MEMO

46쪽에 사용하세요.

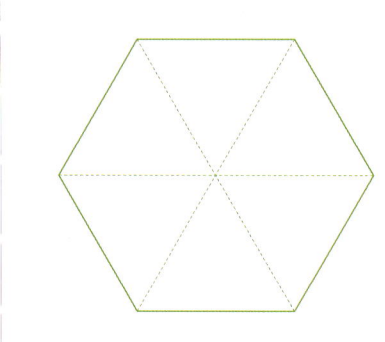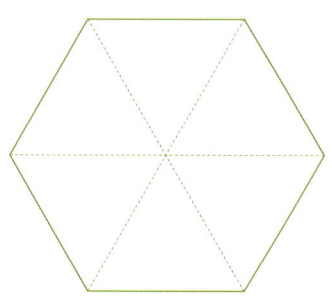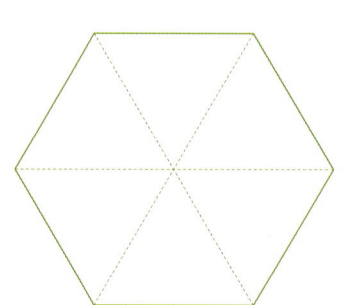

도형 님 게임판

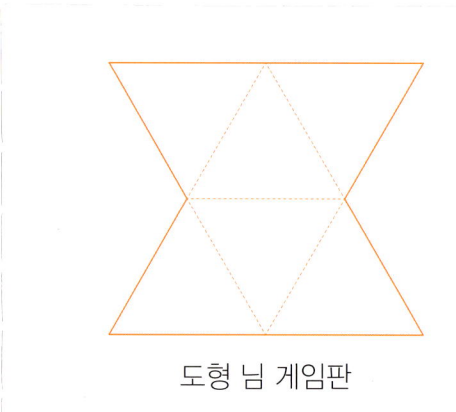

도형 님 게임판

47쪽에 사용하세요.

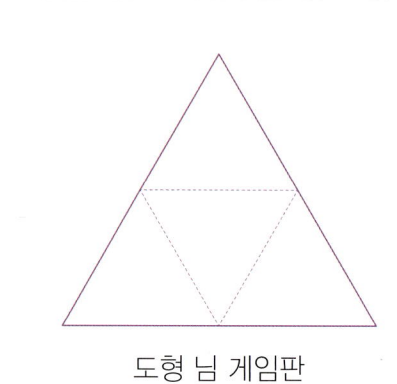

도형 님 게임판

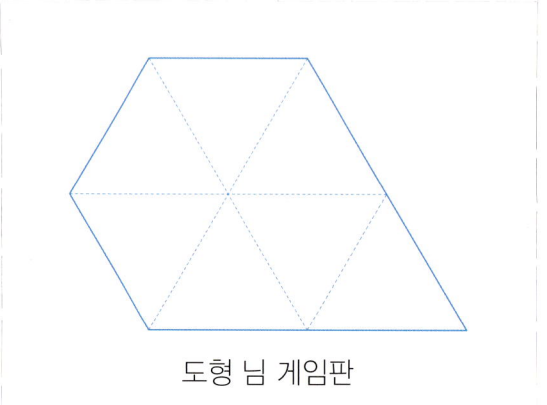

도형 님 게임판

준비물 패턴블록 님 게임1

41, 46, 47쪽에 사용하세요.

 준비물 패턴블록 님 게임2

41쪽에 사용하세요.

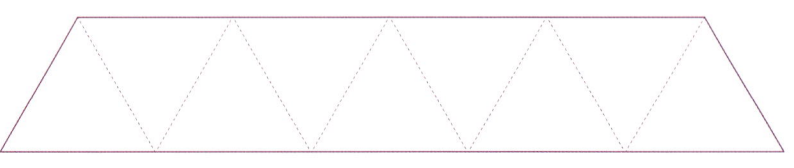

패턴블록 님 게임판

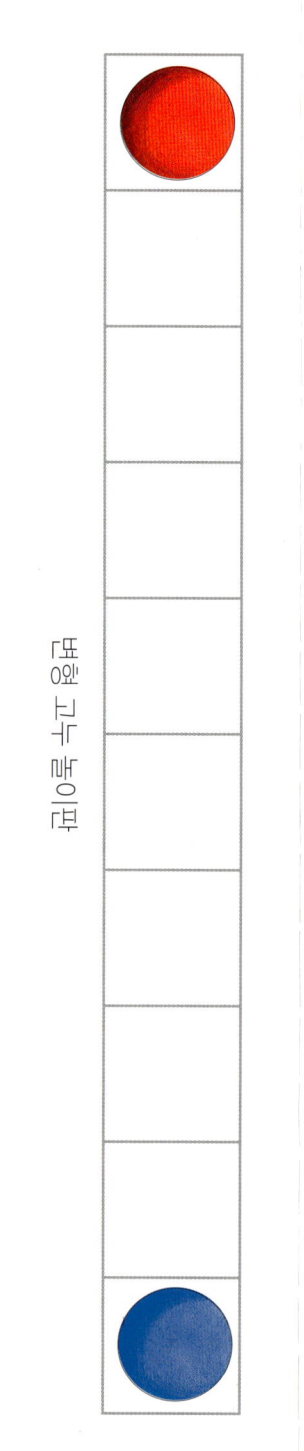

34쪽에 사용하세요.

준비물 님 게임2

1 2 3 4 5

6 7 8 9 10

준비물 고누 놀이

39, 42, 43 쪽에 사용하세요.

고누 놀이판

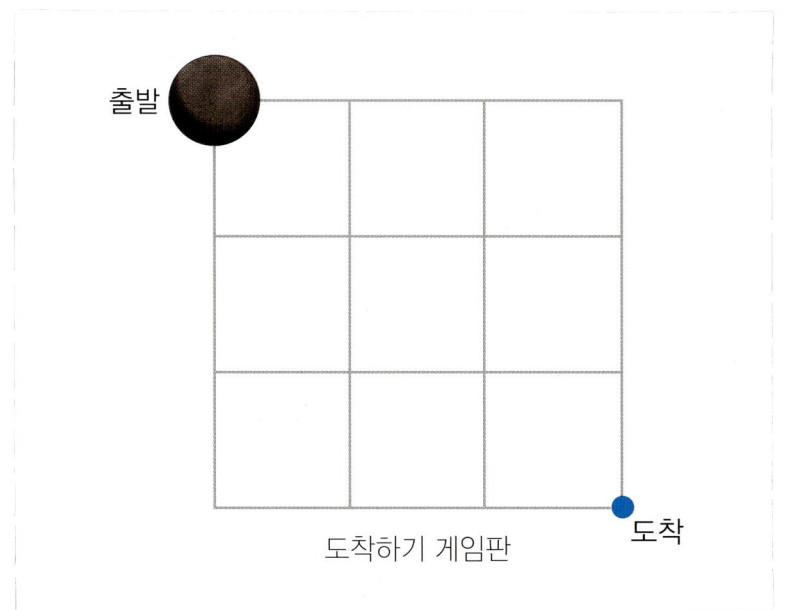

출발

도착

도착하기 게임판

33, 35쪽에 사용하세요.

정답및
해설

해결
전략

C4
(10~11세)

누구나 쉽고 재미있게
사고력
수학

논고

천재교육

누구나 **쉽고 재미**있게
사고력
수학
누크

정답 및 해설

누구나
쉽고 재미있게

사고력 수학

노크

C4
(10~11세)

해결전략

여러 가지 해결 전략

① 여러 가지 방법으로 풀기

대마법사 멀린에게서 지혜의 수학책을 선물 받은 아이들이 책을 펼쳤습니다.

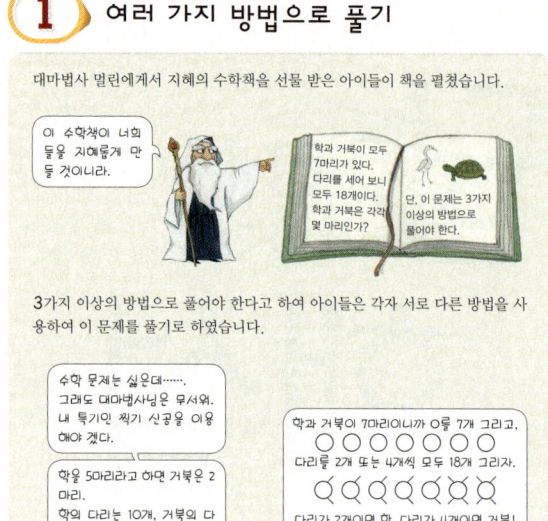

이 수학책이 너희 둘을 지혜롭게 만들 것이니라.

학과 거북이 모두 7마리가 있다. 다리를 세어 보니 모두 18개이다. 학과 거북은 각각 몇 마리인가?

단, 이 문제는 3가지 이상의 방법으로 풀어야 한다.

3가지 이상의 방법으로 풀어야 한다고 하여 아이들은 각자 서로 다른 방법을 사용하여 이 문제를 풀기로 하였습니다.

수학 문제는 싫은데……. 그래도 대마법사님은 무서워. 내 특기인 찍기 신공을 이용해야겠다.

학을 5마리라고 하면 거북은 2마리.
학의 다리는 10개, 거북의 다리는 8개. 따라서 모두 18개.
성공이다!!!

학과 거북이 7마리이니까 ○를 7개 그리고,
다리를 2개 또는 4개씩 모두 18개 그리자.

○○○○○○○

다리가 2개이면 학, 다리가 4개이면 거북!

다리 그림

태경   초이

아인이는 학과 거북의 문제를 표를 이용해서 풀기로 하였습니다. 표를 완성하고 학과 거북은 각각 몇 마리인지 구하시오.

학(마리)	1	2	3	4	5	6
거북(마리)	6	5	4	3	2	1
다리 수(개)	26	24	22	20	18	16

학: **5** 마리   거북: **2** 마리

나는 표를 이용해서 풀어야겠군.

아인

노트 포인트

문제를 해결하는 방법은 여러 가지입니다. 다양한 문제 해결 방법을 알고 있으면 문제를 좀 더 쉽고 간단하게 풀 수 있습니다.

학과 거북의 문제는 고대 중국의 수학책인 「구장산술」에 나온 문제입니다. 구장산술에서는 학과 거북 문제를 가정하여 해결하기 방법으로 풀이를 해 놓았습니다.

> 학을 7마리라고 가정하면 다리는 모두 14개가 됩니다.
> 다리가 18개라고 했으므로 다리 4개가 모자랍니다.
> 모자란 다리 4개로 거북이 2마리인 것을 알 수 있습니다.

🐛 예상하고 확인하기

마법의 수학책이 펼쳐져 있습니다. 마주 보는 두 면의 쪽수의 곱이 1332일 때, 두 쪽수를 구해 봅시다.

내가 쪽수를 지워버렸지.

❶ 다음 계산을 하시오.

$10 \times 10 =$ **100** $20 \times 20 =$ **400**

$30 \times 30 =$ **900** $40 \times 40 =$ **1600**

❷ 두 면의 쪽수의 십의 자리 숫자는 무엇으로 예상할 수 있습니까? **3**
1332는 30×30보다 크고 40×40보다 작으므로 십의 자리 숫자는 3으로 예상할 수 있습니다.

❸ 2와 3, 4와 5같이 책의 두 면의 쪽수는 연속하는 수입니다. 연속하는 한 자리 수를 곱할 때, 일의 자리 숫자가 2인 경우를 모두 찾아보시오.

$\boxed{1} \times \boxed{2} = 2$ $\boxed{3} \times \boxed{4} = 12$

$\boxed{6} \times \boxed{7} = 42$ $\boxed{8} \times \boxed{9} = 72$

❹ ❷와 ❸에서 예상한 십의 자리 숫자와 일의 자리 숫자를 이용하여 두 쪽수를 구하시오. **36쪽, 37쪽**
1332는 30×30보다 40×40에 더 가까우므로 큰 수의 곱부터 찾아보면 $38 \times 39 = 1482$, $36 \times 37 = 1332$. 따라서 두 쪽수는 36쪽, 37쪽입니다.

[제곱수]

1 ☐ 안에는 같은 수가 들어갑니다. 올바른 식이 되도록 ☐ 안에 알맞은 수를 써넣으시오.

$$\boxed{33} \times \boxed{33} = 1089$$

$1 \times 1 = 1$, $2 \times 2 = 4$, $3 \times 3 = 9$, $4 \times 4 = 16$, $5 \times 5 = 25$ ……
1, 4, 9, 16, 25……와 같은 수의 곱을 제곱수라고 해.

1089는 30×30보다 크고 40×40보다 작습니다. 같은 수를 곱해서 일의 자리 숫자가 9가 되는 경우는 3×3, 7×7로 두 가지입니다. $33 \times 33 = 1089$, $37 \times 37 = 1369$

[바둑돌의 수]

2 다음과 같은 규칙으로 바둑돌을 놓았습니다. 바둑돌 256개가 놓이는 때는 몇 번째인지 구하시오. **16번째**

첫 번째	두 번째	세 번째	……
1×1	2×2	3×3	

256은 10×10보다 크고 20×20보다 작습니다. 같은 수를 곱해서 일의 자리 숫자가 6이 되는 경우는 4×4, 6×6로 두 가지입니다. $14 \times 14 = 196$, $16 \times 16 = 256$

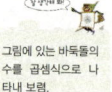
그림에 있는 바둑돌의 수를 곱셈식으로 나타내 보렴.

가정하여 해결하기

멍하니 요괴와 아인이가 퀴즈 대회에 나갔습니다. 멍하니 요괴의 점수와 아인이가 틀린 문제의 개수를 구해 봅시다.

난 12문제 모두 틀렸어.

내 점수는 500점이야.

퀴즈 대회 규칙
• 기본 점수는 250점입니다.
• 총 12문제를 풉니다.
• 한 문제를 맞힐 때마다 50점을 얻습니다.
• 한 문제를 틀릴 때마다 20점을 잃습니다.

멍하니 요괴   아인

❶ 멍하니 요괴는 12문제를 모두 틀렸습니다. 멍하니 요괴의 점수는 몇 점입니까?
(잃은 점수)=20×12=240(점)
(점수)=250−240=10(점)   **10점**

❷ 12문제를 모두 맞혔을 때를 만점이라고 하면 만점은 몇 점입니까? 또, 한 문제를 틀릴 때마다 만점에서 몇 점씩 낮아집니까? **850점, 70점**
만점: 250+600=850(점)
한 문제를 틀릴 때마다 50+20=70(점)씩 낮아집니다.

한 문제를 틀릴 때마다 만점에서 20점씩 낮아진다고 생각하는 건 아니겠지.

❸ 아인이의 점수는 만점에서 몇 점 낮아졌는지 구하고 아인이가 틀린 문제의 개수를 구하시오. **350점, 5개**
850−500=350(점)
350=70×5이므로 5문제를 틀렸습니다.

[큰 접시, 작은 접시]

1 초이는 설거지를 돕고 용돈을 받습니다. 접시 1개를 닦을 때마다 큰 접시는 600원, 작은 접시는 400원을 받습니다. 초이가 접시 10개를 닦고 받은 용돈이 5200원입니다. 초이가 닦은 작은 접시는 몇 개입니까? **4개**

작은 접시를 닦으면 용돈이 너무 적어.

초이가 모두 큰 접시를 닦는다고 가정하면 받을 용돈은
600×10=6000(원)입니다.
초이가 받은 용돈은 5200원이고, 작은 접시 하나를 닦을 때마다 200원씩 줄어들기 때문에 초이가 닦은 작은 접시는 4개입니다.

[모두 덧셈으로 가정하기]

2 다음 식의 수 사이에 +, −를 4개씩 넣어 계산 결과가 25가 되도록 만드시오.

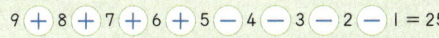

$$9 \fbox{+} 8 \fbox{+} 7 \fbox{+} 6 \fbox{+} 5 \fbox{−} 4 \fbox{−} 3 \fbox{−} 2 \fbox{−} 1 = 25$$

'+1'을 '−1'로 바꾸면 계산 결과는 2만큼 줄어들고, '+2'를 '−2'로 바꾸면 계산 결과는 4만큼 줄어듭니다. 모두 '+'를 넣었을 때의 계산 결과는 45이고, 45−25=20이므로 계산 결과를 20만큼 줄이려면 빼는 수의 합이 10이 되어야 합니다.

모두 +를 넣으면 9+8+7+6+5+4+3+2+1=45가 되지. 이 중 어떤 수 앞의 +가 −로 바뀌면 얼마나 줄어들까?

---

② 간단히 하여 해결하기

꼬마 요괴 8명이 한 자리에 모여 둘러 앉아 있습니다.

너희들 모두 서로 한 번씩 마법 대결을 해서 마법 실력을 키워야 한다.

한입 요괴   잠만자 요괴   멍하니 요괴

장난 요괴   딴소리 요괴

딴짓 요괴   올보 요괴   거꾸로 요괴   대마왕

지나가던 지오, 태경, 아인이가 그 광경을 보았습니다.

저렇게 많은 요괴들이 모두 대결을 하면 엄청 시끄러울 거야. 도대체 경기를 몇 번이나 하는 걸까?

일단 세어 보지 뭐. 올보와 멍하니, 한입과 딴소리, 거꾸로와 잠만자, 장난과 딴짓, ……. 도저히 셀 수가 없어.

무작정 센다고 해서 문제를 해결할 수 없어. 간단한 경우부터 알아보면 규칙을 찾을 수 있을 거야.

지오   태경   아인

🔵 꼬마 요괴가 2명, 3명, 4명일 때의 경기 수를 각각 구하시오.

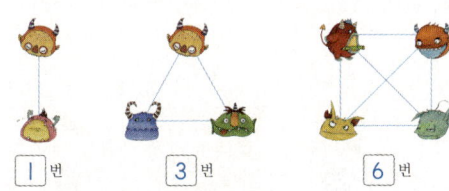

1 번   3 번   6 번

🔵 꼬마 요괴가 5명일 때 대결하는 요괴끼리 선을 그어 경기 수를 알아보고, 꼬마 요괴가 1명씩 늘어날 때마다 경기 수가 어떻게 늘어나는지 쓰시오.

예 요괴가 1명 늘어날 때마다 경기 수는 {(요괴의 수)−1}만큼씩 늘어납니다.

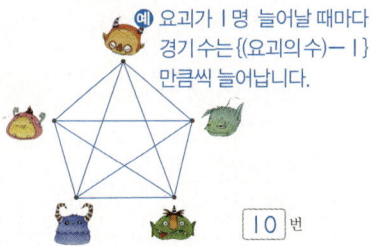

10 번

노크 포인트
복잡한 상황이 주어질 때 문제를 간단히 하여 해결할 수 있습니다.
① 여러 가지 경우로 나누어 따져 봅니다.
② 간단한 경우부터 생각하여 규칙을 찾아봅니다.

🐗 수건 돌리기

태경이네 반 학생 24명이 번호 순서대로 둘러 앉아 수건 돌리기를 합니다. 태경이의 번호가 17번일 때, 마주 보는 학생은 몇 번인지 알아봅시다.

❶ 다음은 학생이 4명, 6명, 8명일 때 번호 순서대로 둘러 앉아 있는 그림입니다. 마주 보고 있는 번호를 모두 선으로 이어 보시오.

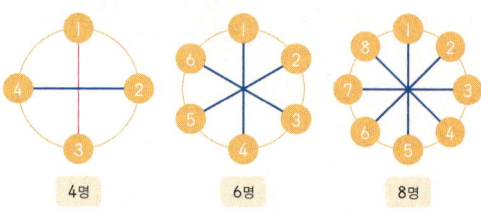

| 4명 | 6명 | 8명 |

❷ 마주 보고 있는 번호의 차와 학생 수는 어떤 관계가 있습니까?

두 수의 차가 학생 수의 절반입니다.

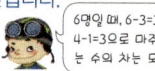
6명일 때, 6-3=3, 5-2=3, 4-1=3으로 마주 보고 있는 수의 차는 모두 같아.

❸ 17번인 태경이와 마주 보는 학생은 몇 번입니까? **5번**

❷에서 찾은 규칙에 따라 24÷2=12가 두 번호의 차가 되어야 합니다. 17+12=29, 17-12=5이고 29는 24보다 크므로 29번은 될 수 없습니다. 따라서 마주 보는 학생은 5번입니다.

[탁자에 앉은 사람 수]
1 지오네 반 학생 14명이 번호 순서대로 원 모양의 탁자에 앉아 있습니다. 5번과 마주 보고 있는 사람은 몇 번인지 구하시오. **12번**

14÷2=7이 두 번호의 차가 되어야 합니다. 5+7=12이므로 마주 보는 사람은 12번입니다.

[마주 보고 있는 사람의 번호]
2 학생들이 번호 순서대로 원 모양으로 둘러 앉았습니다. 다음과 같이 마주 보고 있는 번호의 일부를 나타내었을 때, 학생은 모두 몇 명인지 구하시오. **34명**

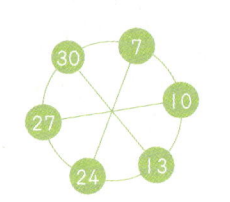

상황을 간단하게 만들고 규칙을 찾아보는 게 어때? 이런 식으로 말이야.

24-7=17, 27-10=17, 30-13=17이므로 학생 수는 17×2=34(명)입니다.

🐗 울타리 기둥

정사각형 모양인 땅의 한 변에 기둥을 20개씩 세워 울타리를 만들려고 합니다. 정사각형 땅의 꼭짓점에 반드시 기둥을 세울 때, 필요한 기둥의 수를 구해 봅시다.

20×4=80이니까 필요한 기둥의 수는 80개야.

(20개)

그렇게 쉬운 문제를 낼 리가 없어.

태경 지오

❶ 한 변에 세우는 기둥이 3개와 4개일 때, 기둥을 점으로 나타내고 필요한 기둥의 수를 곱셈식을 사용하여 구하시오.

한 변에 세우는 기둥의 수(개)	2	3	4
그림			
필요한 기둥의 수(개)	1×4=4	2×4=8	3×4=12

한 변에 세우는 기둥의 수에서 1을 뺀 값의 4배가 전체 기둥의 수가 됩니다.

❷ 다음 곱셈식을 완성하여 한 변에 기둥을 20개 세울 때 필요한 기둥의 수를 구하시오.

$$\boxed{19} \times \boxed{4} = \boxed{76} \text{(개)}$$

[한 변의 바둑돌 수]
1 육각형의 한 변에 8개씩 바둑돌을 놓으려고 합니다. 육각형의 꼭짓점에 반드시 바둑돌을 놓을 때, 바둑돌은 모두 몇 개입니까? **42개**

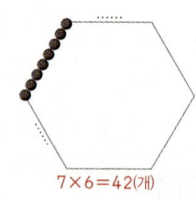

설마 8×6=48(개)라고 하는 건 아니겠지.

7×6=42(개)

[기둥의 간격을 알 때]
2 직사각형 모양의 땅에 울타리를 3m 간격으로 기둥을 세우려고 합니다. 꼭짓점에 반드시 기둥을 세울 때 필요한 기둥의 수를 구하시오. **50개**

한 변에 세우는 기둥의 개수를 각각 구해 봐.

30÷3=10, 45÷3=15
10+15=25, 25×2=50

다른 풀이 전체 길이를 3m로 나누면 기둥의 수를 구할 수 있습니다.
45+30+45+30=150(m)
150÷3=50(개)

3 거꾸로 해결하기

꼬부랑 할머니가 시장에서 팔고 남은 떡을 가지고 돌아오는 첫 번째 고개에서 호랑이를 만났습니다.

가지고 있는 떡의 절반보다 1개를 더 주면 안 잡아 먹지!

아이고! 호랑이님, 떡을 드리겠습니다. 목숨을 살려주셔서 고맙습니다.

할머니는 호랑이가 달라는 대로 떡을 주고 가던 길을 갔지만 두 번째 고개에서도 호랑이를 만났습니다.

호랑이님, 한 번만 더 살려주세요.

할멈. 가진 떡의 절반보다 1개를 더 주면 이번에도 봐주지.

할머니는 다행히 살아서 집으로 돌아왔지만 남은 떡은 2개가 전부였습니다.

남은 떡이 2개밖에 없네. 우리 손주 배고파서 어떡하니.

할머니 괜찮아요. 저는 할머니만 있으면 행복해요.

할머니가 두 번째 고개에서 떡을 10개 가지고 있었다면 호랑이에게 몇 개를 주어야 하고, 몇 개가 남습니까? **6개, 4개**

10개의 반(5개)보다 1개 더 많이 주었으므로 호랑이에게 5+1=6(개)를 주고 10-6=4(개)가 남았습니다.

할머니는 두 번째 고개에서 절반보다 하나 더 많은 떡을 주고 남은 떡이 2개입니다. 할머니가 두 번째 고개를 넘기 전에 가지고 있던 떡은 몇 개입니까? **6개**

할머니가 첫 번째 고개를 넘기 전에 시장에서 팔고 남은 떡은 몇 개입니까? **14개**

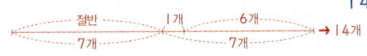

처음 수를 구할 때는 마지막부터 거꾸로 생각하여 해결합니다. 거꾸로 문제를 해결할 때는 ÷는 ×로, -는 +로 생각합니다.

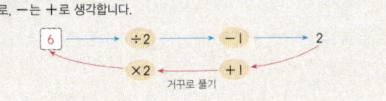

주고받기

한입 요괴와 울보 요괴가 사탕 12개를 나누어 가졌습니다. 그러나 서로 사탕이 적다고 하며 다음과 같이 다시 주고받았습니다.

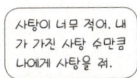

사탕이 너무 적어. 내가 가진 사탕 수만큼 나에게 사탕을 줘.

한입 요괴

울보 요괴

한입 요괴에게 사탕을 주고 나니 남은 사탕이 너무 적어. 지금 내가 가지고 있는 사탕의 2배만큼 나에게 사탕을 줘. 얘앵~

이렇게 사탕을 주고받은 후 사탕을 세어 보니 두 꼬마 요괴가 가진 사탕의 수가 6개로 똑같아졌습니다. 처음 두 꼬마 요괴가 나누어 가진 사탕은 각각 몇 개씩인지 알아봅시다.

❶ 사탕을 주고받는 과정을 거꾸로 생각하여 표를 만든 것입니다. 표를 완성하시오.

	한입 요괴	울보 요괴
현재	6개	6개
한입 요괴가 울보 요괴에게 주기 전	10개	2개
울보 요괴가 한입 요괴에게 주기 전	5개	7개

❷ 처음 두 꼬마 요괴가 받은 사탕은 각각 몇 개입니까?

 : 5 개   : 7 개

[구슬 주고받기]

1 두 바구니 속 구슬을 다음과 같은 순서대로 옮겼더니 두 바구니에 담긴 구슬이 8개로 똑같아졌습니다. 처음 바구니에 담겨 있는 구슬의 수를 각각 구하시오.
가: 10개, 나: 6개

① 나에 있는 구슬의 개수만큼 가에서 나로 옮겼습니다.
② 가에 있는 구슬의 개수만큼 나에서 가로 옮겼습니다.

   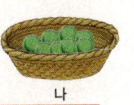   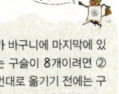

가 바구니에 마지막에 있는 구슬이 8개이려면 ② 번대로 옮기기 전에는 구슬이 4개가 있어야 해.

가   나

	가	나
현재	8개	8개
②옮기기 전	4개	12개
①옮기기 전	10개	6개

[사탕 주고받기]

2 초이, 태경, 아인 세 사람이 다음과 같은 순서대로 사탕을 주고받았더니 세 사람이 가진 사탕이 12개로 똑같아졌습니다. 초이가 처음에 가지고 있던 사탕은 몇 개입니까? **14개**

① 초이가 태경이에게 사탕 5개를 주었습니다.
② 태경이가 아인이에게 사탕 2개를 주었습니다.
③ 아인이는 두 사람에게 사탕을 3개씩 주었습니다.

	초이	태경	아인
마지막	12	12	12
③ 아인이가 주기 전	9	9	18
② 태경이가 주기 전	9	11	16
① 초이가 주기 전	14	6	16

여러 개의 어떤 수

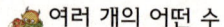

어떤 수를 도깨비 수 상자에 넣으면 규칙에 맞게 변해서 나옵니다.

나와 닮았군.

5를 넣으면 6, 6을 넣으면 3이 나오겠군.

• 홀수는 1을 더합니다.
• 짝수는 2로 나눕니다.

3을 도깨비 상자에 넣고, 나온 수를 다시 도깨비 상자에 넣었더니 나온 수가 2입니다.

$3 \xrightarrow{+1} 4 \xrightarrow{÷2} 2$

어떤 수를 도깨비 상자에 넣어 나온 수를 다시 도깨비 상자에 넣었더니 4가 나왔습니다. 어떤 수가 될 수 있는 수를 모두 구해 봅시다.

❶ 거꾸로 생각하여 2번째 상자의 수가 될 수 있는 수를 모두 구하시오. 3, 8

나온 수가 4가 되는 경우는 2가지가 있어, 2가지를 모두 구해야 해.

어떤 수 → 2번째 상자 → 4

❷ 한 번 더 거꾸로 생각하여 어떤 수를 모두 구해 보시오. 6, 7, 16

$\boxed{6} \xrightarrow{÷2} 3$, $\boxed{16} \xrightarrow{÷2} 8$, $\boxed{7} \xrightarrow{+1} 8$

[3단계의 수]

1 어떤 수를 다음과 같은 규칙으로 계산하였습니다. 계산을 한 번 하고 1이 되면 '1단계의 수', 계산을 두 번 하고 1이 되면 '2단계의 수'라고 할 때, 3단계의 수를 모두 구하시오. 5, 6, 8

• 홀수는 1을 뺍니다.
• 짝수는 2로 나눕니다.
• 계산 결과가 1이 되면 계산을 멈춥니다.

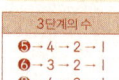

1단계의 수	2단계의 수
2 → 1	3 → 2 → 1
	4 → 2 → 1

3단계의 수
⑤ → 4 → 2 → 1
⑥ → 3 → 2 → 1
⑧ → 4 → 2 → 1

2단계의 수가 3과 4야. 2단계의 수를 이용하여 3단계의 수를 구하면 되겠어.

[두 숫자의 곱]

2 다음은 한 자리 수가 나올 때까지 십의 자리 숫자와 일의 자리 숫자를 곱한 것입니다. 마지막 한 자리 수가 5가 나오는 두 자리 수를 모두 구하시오. 15, 35, 51, 53, 57, 75

$$86 \rightarrow 48 \rightarrow 32 \rightarrow 6$$

두 숫자의 곱이 앞 수가 되는 수를 찾아 거꾸로 생각해 봅니다.

$5 \begin{cases} 15 \begin{cases} 35 \begin{cases} 75 \\ 57 \end{cases} \\ 53 \end{cases} \\ 51 \end{cases}$

나는 거꾸로 오고, 거꾸로 생각해야 돼. 5가 나오는 두 자리 수는 15와 51. 15가 나오는 두 자리 수는…….

창의적 문제해결력

1 아인이의 삼촌과 이모의 나이는 1살 차이이고, 나이의 곱은 992입니다. 삼촌이 이모보다 나이가 많을 때, 삼촌의 나이를 구하시오. 32살

30×30=900
40×40=1600

30×30=900, 40×40=1600이므로 두 사람의 나이는 모두 30대입니다. 곱의 일의 자리 숫자가 2가 되는 경우는 1×2=2, 3×4=12, 6×7=42, 8×9=72이고, 이 중 조건에 맞는 수는 31×32=992입니다.

2 ○ 안에 +, −를 알맞게 써넣으시오.

$$123 \ominus 4 \ominus 5 \ominus 6 \ominus 7 \oplus 8 \ominus 9 = 100$$

모두 '−'를 넣어 봐.

○ 안의 기호가 모두 −라고 가정하면
123−4−5−6−7−8−9=84입니다.
계산 결과가 100이 되려면 16이 더 커져야 하고, 더하는 수의 합이 8이 되도록 수 앞의 기호를 +로 바꾸어야 합니다.
따라서 8 앞의 −를 +로 바꾸면 됩니다.

▶ 동영상 특강
QR 코드를 찍어 보세요!

3 전구 36개를 빨간색, 초록색, 파란색이 반복되도록 일정한 간격으로 둥글게 놓았습니다. 25번째 전구와 마주 놓여 있는 전구의 색깔을 구하시오. 빨간색

첫 번째

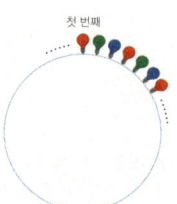

36÷2=18이므로 25번째 전구와 마주 놓여 있는 전구는
25−18=7(번째) 전구입니다. 7번째 전구는 빨간색입니다.

4 보기와 같이 규칙에 따라 어떤 수를 연속으로 3번 계산하였더니 3이 되었습니다. 어떤 수가 될 수 있는 수를 모두 구하시오. 10, 11, 24

• 홀수는 1을 더합니다.
• 짝수는 2로 나눕니다.

보기
$6 \xrightarrow{÷2} 3 \xrightarrow{+1} 4 \xrightarrow{÷2} 2$

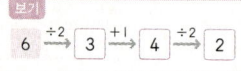

어떤 수 → ㉠ → ㉡ → 3

㉡이 될 수 있는 수: 6
㉠이 될 수 있는 수: 5, 12
따라서 어떤 수가 될 수 있는 수는 10, 11, 24입니다.

승리 전략

④ 님 게임

님 게임은 두 사람이 번갈아 가며 정해진 수의 구슬을 가져가다가 마지막 구슬을 가지고 가면 이기는 전략 게임입니다.

님 게임의 규칙
- 한 번에 1개 또는 2개의 구슬을 가져갈 수 있습니다.
- 두 사람이 한 번씩 번갈아 가며 구슬을 가지고 갑니다.
- 마지막으로 구슬을 가져가는 사람이 이깁니다.

지오와 태경이가 님 게임을 하던 중 지오 차례에 구슬이 3개 남았습니다.

> 내 차례인데…….
> 어쩌지. 내가 진 것 같아.

> 내가 이겼어! 지오가 1개 가져가면 내가 2개, 지오가 2개 가져가면 내가 1개 가져가면 되니까 마지막 구슬은 무조건 내 차지야.

지오   태경

지오와 태경이가 님 게임을 하다가 지오 차례에 구슬이 4개 남았습니다. 지오가 반드시 이기기 위해 가져가야 하는 구슬의 수만큼 /표 하시오.

다시 게임을 하다가 지오 차례에 구슬이 5개 남았습니다. 지오가 반드시 이기기 위해 가져가야 하는 구슬의 수만큼 /표 하시오.

지오 차례에 구슬이 6개 남았습니다. 지오가 몇 개를 가져가더라도 태경이가 반드시 이기는 방법을 설명해 보시오.

지오가 구슬 2개를 가져가면 태경이는 1개를 가져가고, 지오가 구슬 1개를 가져가면 태경이는 구슬 2개를 가져가서 구슬이 3개가 되게 만들면 태경이가 반드시 이깁니다.

지오가 번갈아 가며 1개 또는 2개를 가져가는 님 게임을 여러 번 해 보고, 반드시 이기는 방법을 발견하였습니다. 알맞은 수에 ○표 하시오.

> 내가 구슬을 가져가고 (5 , 4 ③ 2 , 1)개를 남기면 반드시 내가 이길 수 있어.

노크! 포인트

님 게임에서 마지막 남은 구슬부터 거꾸로 생각해 보면 반드시 이기는 방법이 있습니다.

1개 또는 2개를 가져오는 경우	
1개 또는 2개를 남기면 지게 됩니다.	3개를 남긴 후, 상대방이 1개를 가져가면 나는 2개를, 상대방이 2개를 가져가면 나는 1개를 가져가서 반드시 이길 수 있습니다.

3개를 남길 때 반드시 이기므로 자신의 차례에 6개, 9개……와 같이 3개씩 많은 수를 남기면 반드시 이길 수 있습니다.

🛡 필승 전략

두 사람이 번갈아 가며 10개의 구슬 중 1개 또는 2개를 가지고 가는 님 게임을 이기기 위한 전략을 알아봅시다.

> 마법사님. 님 게임은 알다가도 모르겠어요. 이해가 안돼요.

> 활동지를 이용해 님 게임을 직접 해 보렴. 수학 학습에 이런 명언이 있단다.
> I hear and I forget 듣기만 한 것은 잊어 버리고
> I see and I remember 본 것은 기억되지만
> I do and I understand 직접 해 본 것은 이해가 된다.

❶ 10번 구슬을 가져가면 이길 때, 반드시 가져가야 하는 구슬은 7번입니다. 7번 구슬을 가져가기 위해 바로 전 차례에 반드시 가져가야 하는 구슬 1개를 찾아 색칠하시오.

7번 구슬까지 3개를 남겨야 하므로 4번 구슬을 반드시 가져가야 합니다.

❷ 이 님 게임을 이기기 위해 반드시 가져가야 하는 구슬을 모두 찾아 색칠하시오.

[나중에 하는 사람이 이기는 경우]

1 번갈아 가며 1개 또는 2개를 가져가는 님 게임을 하려고 합니다. 전체 구슬의 수가 다음과 같을 때 나중에 하는 사람이 반드시 이길 수 있는 경우를 찾아 기호를 쓰시오. ㉢

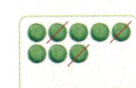  
㉠ 8개   ㉡ 11개   ㉢ 12개

반드시 이기도록 가져가야 하는 구슬을 /표 하면 위와 같습니다. 따라서 ㉢에서 ①은 먼저 하는 사람이 가져갈 수 없으므로 나중에 하는 사람이 반드시 이길 수 있습니다.

> 이기기 위해 꼭 가져가야 하는 구슬을 표시해 봐.

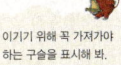

[3개까지 가져가기]

2 두 사람이 한 번씩 번갈아 가며 구슬 10개 중 1개 또는 2개, 3개를 가져가는 님 게임을 합니다. 먼저 하는 사람이 반드시 이기기 위해 처음에 가지고 가야 하는 구슬은 몇 개입니까? 2개

> 꼭 가져가야 하는 구슬을 표시하면 처음에 몇 개를 가져가야 하는지 알 수 있어.

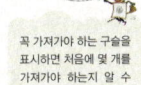

3개까지 가져가므로 10번부터 4개씩 건너뛰어 6번, 2번 구슬을 꼭 가져와야 합니다. 따라서 먼저 시작하여 2개의 구슬을 가져옵니다.

🐞 달력 님 게임

달력 님 게임의 규칙을 보고, 승리 전략을 알아봅시다.

> • 두 사람이 번갈아 가며 1일부터 차례로 날짜에 ✕표를 합니다.
> • ✕표는 달력의 월을 나타내는 수까지 표시할 수 있습니다.
> • 그 달의 마지막 날짜에 ✕표를 하는 사람이 이깁니다.

❶ 3월 달력으로 달력 님 게임을 하면 ✕표는 1개 또는 2개, 3개를 할 수 있습니다. 31일에 ✕표 하기 바로 전에 며칠을 남겨야 반드시 이길 수 있습니까? **4일**

3개까지 ✕표 할 수 있으므로 4일을 남겨야 이길 수 있습니다.

❷ 3월 달력 님 게임에서 31일에 ✕표 하는 사람이 이깁니다. 31일에 ✕표 하기 바로 전 차례에 꼭 ✕표 해야 하는 날짜는 며칠입니까? **27일**

31−4=27이므로 27일을 꼭 지워야 합니다.

❸ 3월 달력 님 게임에서 먼저 하는 사람은 첫 번째에 며칠까지 ✕표를 해야 반드시 이길 수 있습니까? **3일**

3월 31일부터 거꾸로 생각하면 27일, 23일, 19일, 15일, 11일, 7일, 3일에 ✕표 해야 반드시 이길 수 있습니다.

[나중에 하는 사람이 이기는 전략]

1 4월 달력으로 달력 님 게임을 하는데 먼저 하는 사람이 3일까지 날짜를 ✕표 하였습니다. 다음 차례에 나중에 하는 사람이 반드시 이기기 위해서 표시해야 하는 날짜에 모두 ✕표 하시오.

> 내 차례가 되었을 때 25일에 ✕표 하면 반드시 이길 수 있어.

4월 달력 님 게임은 마지막에 5일을 남겨야 이길 수 있습니다. 이기기 위해 ✕표 해야 하는 날짜를 5일씩 계속 거슬러 올라가면 4월 5일에 ✕표 해야 이길 수 있습니다.

[누가 유리할까?]

2 9월 달력으로 님 게임을 할 때 먼저 하는 사람이 유리합니까? 나중에 하는 사람이 유리합니까? **나중에 하는 사람**

9월 달력에서 먼저 하는 사람이 날짜 몇 개에 ✕표를 하든지 상관없이 나중에 하는 사람이 10일에 ✕표할 수 있으므로 9월 달력은 나중에 하는 사람이 반드시 이기는 방법이 있습니다.

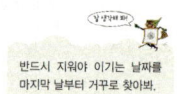

> 반드시 지워야 이기는 날짜를 마지막 날부터 거꾸로 찾아봐.

---

⑤ 님 게임 전략 활용

고누 놀이는 여러 가지 모양의 판을 그리고, 규칙에 맞게 말을 움직여 승부를 벌이는 전통 놀이입니다. 놀이 규칙은 다음과 같습니다.

> **고누 놀이의 규칙**
> • 두 사람이 말을 3개씩 가지고 시작합니다.
> • 번갈아 가며 자신의 말을 1칸씩 움직입니다.
> • 상대방의 말이 더 이상 움직일 수 없게 만드는 사람이 이깁니다.

오른쪽 그림은 검은 말이 흰 말을 움직일 수 없게 만들어서 검은 말이 이기게 된 상황입니다.

> 고누 놀이는 우리 나라의 전통 놀이야.
> 아인

> 움직이지 못하면 지므로 '꼼짝 마' 게임이라 불러도 되겠다.
> 태경

고누 놀이의 판을 일직선이 되도록 만들었습니다. 한 번에 1칸씩 움직인다고 할 때 먼저 하는 것과 나중에 하는 것 중 반드시 이기는 순서에 ○표 하시오.

| 먼저 | 나중 |
| 먼저 | 나중 |

🟢 판이 일직선인 고누 놀이에서 말을 한 번에 1칸 또는 2칸을 움직일 수 있도록 규칙을 정했습니다. 먼저 하는 것과 나중에 하는 것 중 반드시 이길 수 있는 방법이 있는 순서에 ○표 하시오. (단, 상대방 말을 뛰어넘을 수 없습니다.)

먼저 **나중**

먼저 하는 상대가 1칸 움직이면 나중에 하는 사람은 2칸을, 먼저 하는 상대가 2칸 움직이면 나중에 하는 사람은 1칸을 움직이면 나중에 하는 사람이 반드시 승리합니다.

🟢 판이 일직선인 고누 놀이에서 말을 한 번에 1칸 또는 2칸을 움직일 수 있도록 규칙을 정했습니다. 흰 말이 먼저 할 때 반드시 이기기 위해서 흰 말이 움직여야 하는 자리에 ○표 하시오. (단, 상대방 말을 뛰어넘을 수 없습니다.)

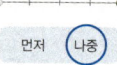

사이에 있는 눈금이 3개가 되도록 흰 말을 움직입니다.

> 🦉 **노크 포인트**
>
> 고누 놀이의 판을 일직선으로 만들어서 움직이는 칸의 수를 늘리면 님 게임의 필승 전략을 적용할 수 있습니다. 놀이판에서 두 말 사이의 눈금이 3개일 때, 한 번에 1칸 또는 2칸 움직일 수 있다면 먼저 움직이는 사람이 불리합니다.
>
> 먼저 하는 사람이 1칸 움직이면 나중에 하는 사람은 2칸이고, 먼저 하는 사람이 2칸 움직이면 나중에 하는 사람은 1칸을 움직여서 나중에 하는 사람이 반드시 이깁니다.
>
> 움직일 수 있는 칸의 규칙은 같고 놀이판이 더 길어질 때, 자기 차례에 두 말 사이의 눈금이 3개, 6개, 9개……가 되도록 움직이면 반드시 승리합니다.

🐗 변형 고누 놀이

일직선 판에 빨간 말과 파란 말을 다음과 같이 놓고 번갈아 가며 한쪽으로 1칸 또는 2칸을 움직일 수 있습니다. 자신의 차례에 말을 더 이상 움직이지 못하면 진다고 할 때, 먼저 하는 사람이 반드시 승리하는 방법을 알아봅시다.　준비물 변형 고누 놀이

❶ 다음과 같을 때 파란 말이 움직일 차례에서 파란 말이 어떻게 움직이면 반드시 이길 수 있는지 설명하시오.

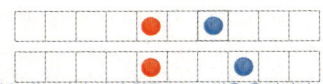

첫 번째 경우에는 파란 말이 왼쪽으로 1칸을 움직이면 반드시 이깁니다. 두 번째 경우에는 파란 말이 2칸을 움직이면 반드시 이깁니다.

❷ 다음과 같을 때 파란 말이 움직일 차례에서 두 말 사이의 간격이 3칸일 때 빨간 말이 반드시 이기는 방법을 설명하시오.

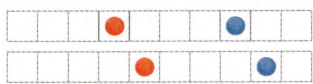

파란 말이 1칸 움직이면 빨간 말은 2칸 움직이고, 파란 말이 2칸 움직이면 빨간 말은 1칸 움직입니다.

❸ 다음과 같이 파란 말 차례에 두 말 사이의 간격이 6칸일 때, 빨간 말이 반드시 이기는 방법을 설명하시오.

파란 말이 어떻게 움직여도 두 말 사이의 간격을 3칸으로 줄일 수 있고, 3칸으로 줄이면 ❷와 같이 반드시 이길 수 있습니다.

❹ 먼저 하는 빨간 말이 첫 차례에서 반드시 이길 수 있게 말을 움직이는 방법을 설명하시오.　**첫 차례에 빨간 말이 오른쪽으로 2칸 움직입니다.**

[패턴블록 님 게임]

1 세 가지 도형을 여러 개 사용하여 왼쪽부터 순서대로 번갈아 가며 채워서 마지막에 모양을 채우는 사람이 이기는 게임을 합니다. 처음 하는 사람이 반드시 이기려면 채워야 하는 도형에 ○표 하시오.　준비물 패턴블록 님 게임1, 2

9칸을 번갈아 가며 1칸에서 3칸까지 채우는 규칙이지.

주어진 도형은 모양의 빈칸을 각각 1칸, 2칸, 3칸 채울 수 있습니다. 총 9칸 중에 1칸~3칸을 채우는 님 게임과 같은 원리이므로 자신의 차례에 남는 칸이 8칸, 4칸이 되도록 놓으면 반드시 이깁니다.

[누가 이길 것인가]

2 다음과 같은 판 위에 빨간 말과 파란 말이 있습니다. 두 말은 번갈아 가며 한쪽으로 1칸부터 3칸까지 움직일 수 있습니다. 자신의 차례에 더 이상 움직일 수 없는 사람이 진다고 할 때, 먼저 하는 사람과 나중에 하는 사람 중 반드시 이길 수 있는 사람은 누구입니까?　**나중에 하는 사람**　준비물 변형 고누 놀이

1칸부터 3칸까지 움직일 수 있으므로 두 말 사이의 간격이 4칸, 8칸이 되면 반드시 이길 수 있습니다. 현재 간격이 8칸이므로 나중에 하는 사람이 반드시 이길 수 있습니다.

두 말 사이의 간격이 몇 칸이면 이길 수 있을지 생각해 봐.

🐗 먼저 도착하기

두 사람이 번갈아 가며 말을 오른쪽 또는 아래쪽으로만 1칸부터 3칸까지 움직입니다. 움직이는 중에 방향을 바꿀 수 없고, 자신의 차례에 말을 도착 지점으로 움직이는 사람이 이깁니다. 게임의 승리 전략을 알아봅시다.　준비물 고누 놀이

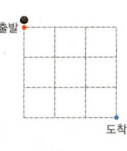

❶ 도착 지점에서 거꾸로 생각할 때, 한 번만 움직이면 도착 지점으로 갈 수 있는 자리를 모두 찾아 ✕표 하시오.

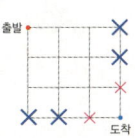

❷ 먼저 하는 사람이 말을 오른쪽과 같이 옮겼습니다. 다음 사람이 반드시 이기기 위해서 말을 옮겨야 하는 자리에 ○표 하시오.

❸ 먼저 하는 사람이 말을 오른쪽과 같이 옮겼습니다. 다음 사람이 반드시 이기기 위해서 말을 옮겨야 하는 자리에 ○표 하시오.

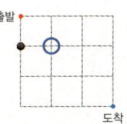

[반드시 이기는 순서]

1 다음과 같은 규칙의 게임을 하려고 합니다. 자신의 차례에 말을 도착 지점으로 움직이는 사람이 이길 때, 나중에 하는 사람이 반드시 이기게 되는 승리 전략을 찾아 설명하시오.　준비물 고누 놀이

> **규칙**
> • 두 사람이 번갈아 가며 말을 오른쪽 또는 아래쪽으로만 움직입니다.
> • 움직이는 칸 수는 제한이 없습니다.
> • 움직이는 중에 방향을 바꿀 수 없습니다.

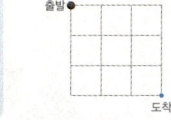

상대가 오른쪽으로 움직이면 자신은 다음 차례에 아래쪽으로, 상대가 아래쪽으로 움직이면 자신은 다음 차례에 오른쪽으로 똑같은 칸 수만큼 움직입니다.

[먼저 움직이기]

2 다음과 같은 규칙의 게임을 하려고 합니다. 먼저 하는 사람이 반드시 이기기 위해서 말을 움직여야 하는 자리에 ○표 하시오.

> **규칙**
> • 두 사람이 번갈아 가며 말을 오른쪽 또는 아래쪽으로만 1칸부터 3칸까지 움직입니다.
> • 움직이는 중에 방향을 바꿀 수 없습니다.
> • 자신의 차례에 말을 도착 지점으로 움직이는 사람이 이깁니다.

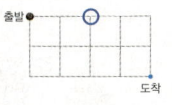

먼저 하는 사람이 오른쪽으로 2칸 움직이면 도착 지점까지 오른쪽으로 남은 칸 수와 아래쪽으로 남은 칸 수가 같아져서 원래의 먼저 도착하기 게임에서 나중에 하는 사람과 같은 조건이 됩니다.

6 따라쟁이 전략

두 사람이 세 가지 도형 여러 개로 육각형 2개를 채우는 도형 님 게임이 있습니다. 번갈아 가며 도형을 하나씩 육각형에 채우다가 자신의 차례에 육각형 2개를 모두 채우는 사람이 이기게 됩니다.

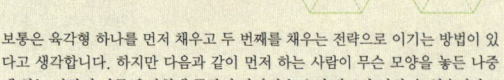

보통은 육각형 하나를 먼저 채우고 두 번째를 채우는 전략으로 이기는 방법이 있다고 생각합니다. 하지만 다음과 같이 먼저 하는 사람이 무슨 모양을 놓든 나중에 하는 사람이 다른 육각형에 똑같이 따라서 놓으면 반드시 이길 수 있습니다.

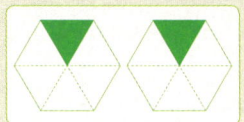 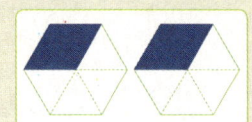

위의 그림에 이어서 먼저 하는 사람이 도형 1개를 더 놓았습니다. 나중에 하는 사람이 반드시 이기기 위해서 도형을 놓아야 하는 자리를 그려 보시오.

① 두 사람이 번갈아 가며 원을 1개 또는 이웃한 2개씩 색칠하다가 마지막 작은 원을 색칠하는 사람이 이깁니다. 먼저 하는 사람이 다음과 같이 색칠했을 때 나중에 하는 사람이 반드시 이기도록 작은 원을 색칠하시오.

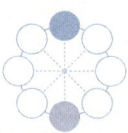 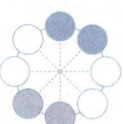

나중에 하는 사람이 처음 사람이 색칠한 원과 원의 중심을 기준으로 반대쪽에 있는 원을 계속 색칠하면 반드시 이길 수 있습니다.

① 두 사람이 번갈아 가며 원 2개를 잇는 선을 선과 선이 겹치지 않도록 그립니다. 더 이상 선을 그릴 수 없는 사람이 진다고 할 때, 이기기 위해 먼저 하는 사람이 처음에 이어야 하는 선을 그려 보시오.

예

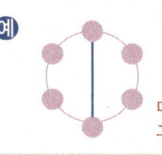

마주보는 원 2개를 잇는 선을 그리면 정답입니다.

체크 포인트

나중에 하는 사람이 먼저 하는 사람이 가져가거나 그리는 방법을 똑같이 따라하는 전략으로 반드시 이기는 게임이 있습니다.

1칸 또는 2칸을 채워서 마지막에 두 모양을 모두 채우는 사람이 이기는 게임

🐯 도형 님 게임

두 사람이 세 가지 도형 여러 개로 모양을 빈틈없이 채우는 님 게임을 해 봅시다. 번갈아 가며 도형을 한 개씩 채우다가 마지막에 모양을 채우는 사람이 이깁니다. 게임의 승리 전략을 알아봅시다.

❶ 먼저 하는 사람이 다음과 같이 도형을 각각 놓았을 때 나중에 하는 사람이 반드시 이길 수 있도록 각각 그려 보시오.

준비물 패턴블록 님 게임1, 3

먼저 하는 사람이 놓은 도형을 반대쪽에 똑같이 놓으면 됩니다.

❷ 먼저 하는 사람이 반드시 이길 수 있도록 처음에 놓아야 하는 도형을 알맞은 위치에 그려 보시오.

준비물 패턴블록 님 게임1, 3

남은 부분을 똑같이 둘로 나눌 수 있도록 도형을 놓아 봐.

먼저 하는 사람이 그림과 같이 도형을 놓은 다음, 나중에 하는 사람이 도형을 놓

으면 반대쪽에 똑같이 놓는 전략으로 이길 수 있습니다.

[먼저 하는 사람이 이기는 방법]

1 두 사람이 세 가지 도형을 한 개씩 번갈아 가며 채워서 마지막에 모양을 채우는 사람이 이기는 게임을 합니다. 먼저 하는 사람이 반드시 이길 수 있도록 처음에 놓아야 하는 도형을 알맞은 위치에 그려 보시오.

준비물 패턴블록 님 게임1, 4

 예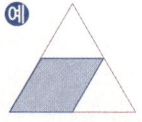

남은 모양이 똑같이 둘로 나누어지도록 놓습니다.

남은 모양이 똑같이 둘로 나누어지도록 도형을 놓아 보렴.

[누가 이길까?]

2 두 사람이 세 가지 도형을 한 개씩 번갈아 가며 채워서 마지막에 모양을 채우는 사람이 이기는 게임을 합니다. 먼저 하는 사람이 반드시 이길 수 있도록 처음에 놓아야 하는 도형을 알맞은 위치에 그려 보시오.

준비물 패턴블록 님 게임1, 4

그림과 같이 놓은 다음, 그 다음 차례부터는 상대가 놓는 도형과 같은 것을 남은 모양의 중심을 기준으로 반대편에 계속 놓습니다.

🐢 OX 게임

두 사람이 번갈아 가며 빈칸에 ◯, ✕를 채우다가 마지막 칸을 채우면 이기는 게임에서 반드시 이기는 방법을 알아봅시다.

규칙
- 먼저 하는 사람이 ◯를, 나중에 하는 사람이 ✕를 번갈아 가며 빈칸을 채웁니다.
- 가로나 세로 중 한 방향으로 한 번에 1개부터 3개까지 채울 수 있습니다.
- 마지막 칸을 채우는 사람이 이깁니다.

❶ 먼저 하는 사람이 ◯를 1개 채운 다음, 따라하기 전략으로 이기려고 합니다. 먼저 하는 사람이 반드시 이길 수 있도록 ◯를 채우시오.

❷ 먼저 ◯를 3개 채워서 남은 부분을 똑같은 모양 2개로 나누었습니다. 먼저 하는 사람이 반드시 이기는 방법을 설명하시오. **그림과 같이 ◯ 3개를 채운 다음, ✕를 채우는 것과 같은 개수만큼 반대쪽에 ◯를 계속 그리면 반드시 이깁니다.**

❸ 다음과 같이 먼저 하는 사람이 ◯를 채웠을 때 나중에 하는 사람이 반드시 이기도록 2가지 방법으로 ✕를 채우시오.

 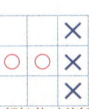 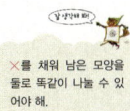

✕를 채워 남은 모양을 둘로 똑같이 나눌 수 있어야 해.

그림과 같이 ✕를 채우고 나면 남는 부분의 모양이 똑같은 둘로 나누어져서 따라쟁이 전략으로 이길 수 있습니다.

---

1 [2×2 ◯✕ 게임]
두 사람이 번갈아 가며 가로나 세로로 ◯, ✕를 1개 또는 2개 채우는 게임입니다. 마지막 칸을 채우면 이길 때 먼저 ◯를 채우는 방법은 2가지입니다. 나중에 하는 사람이 2가지 경우 모두 반드시 이길 수 있도록 ✕를 채워 보시오.

중심을 기준으로 반대편에 ✕를 ◯의 개수와 같게 놓습니다.

2 [2×3 ◯✕ 게임]
두 사람이 번갈아 가며 가로나 세로로 ◯, ✕를 1개부터 3개까지 채우는 게임입니다. 마지막 칸을 채우는 사람이 이길 때, 먼저 하는 사람이 반드시 이길 수 있도록 ◯를 채워 보시오.

남는 모양이 똑같이 둘로 나누어지도록 ◯를 채워!

🧒 창의적 문제해결력

1 두 그릇에 있는 구슬을 1개씩 나머지 한 그릇으로 옮기면 세 그릇의 구슬 수가 모두 같아집니다.

두 그릇에서 같은 수의 구슬을 꺼내어 나머지 한 그릇에 옮기는 것을 2번 반복하여 세 그릇의 구슬 수가 같아지도록 만드는 방법을 그림으로 나타내시오.

2 규칙이 다음과 같은 게임에서 먼저 하는 사람이 반드시 이기려면 처음에 빨간 말을 몇 칸 움직여야 합니까? **3칸**

규칙
- 두 사람이 번갈아 가며 말을 1칸부터 3칸까지 움직입니다.
- 자신의 차례에 말을 더 이상 움직일 수 없는 사람이 집니다.

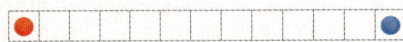

움직일 수 있는 칸이 1칸~3칸이므로 자신의 차례에 두 말 사이의 간격이 8칸, 4칸이 되도록 만들면 반드시 이깁니다.

📍 **동영상 특강**
QR 코드를 찍어 보세요!

3 두 사람이 세 가지 도형을 번갈아 가며 채워서 마지막에 모양을 채우는 사람이 이기는 게임을 합니다. 먼저 하는 사람이 반드시 이길 수 있도록 처음에 놓아야 하는 도형을 알맞은 위치에 그려 보시오.

   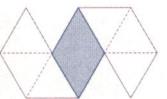

그림과 같이 도형을 놓아 남은 부분이 똑같이 둘로 나누어지도록 만든 다음, 다음 차례부터는 상대가 놓는 도형과 같은 도형을 반대쪽 똑같은 위치에 계속 놓으면 반드시 이깁니다.

4 태경이와 아인이가 게임판 위에 100원짜리 동전을 1개에서 3개까지 가로 또는 세로 방향으로 번갈아 가며 놓다가 더 이상 놓을 자리가 없는 사람이 지는 게임을 했습니다. 동전을 나중에 놓는 태경이는 다음과 같은 전략으로 자신이 반드시 이길 것이라고 생각했지만, 결과는 아인이의 승리였습니다. 먼저 시작한 아인이의 승리 전략을 설명하시오.

아인이가 처음에 중심에 동전을 놓은 다음, 그 다음부터는 태경이를 따라 했습니다.

 가운데 점을 지나 서로 마주 보도록 계속 따라 하면 이기겠지.

태경

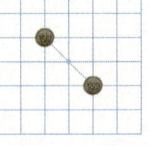

재치있는 해결

7 나무 심기와 자르기

태경이네 할아버지 과수원에서 나무 심기가 한창입니다.

저 곧은 길을 따라서 한쪽에 3m 간격으로 감나무를 심어야 해. 저 길의 길이는 30m지. 길 양끝에도 보기 좋게 심어야 해.

사과나무도 연못의 둘레에 3m 간격으로 심어야 해. 연못의 둘레도 30m지.

그럼 감나무와 사과나무가 각각 10그루씩 필요하겠네요.

태경

태경이의 말대로 감나무와 사과나무를 각각 10그루씩 준비하였습니다. 그런데 나무를 심고 보니 한 그루가 부족합니다. 감나무와 사과나무 중 부족한 나무는 어느 것입니까? (단, 나무의 굵기는 생각하지 않습니다.) 감나무

길의 양쪽 끝에도 감나무를 심어야 하기 때문에 감나무는 모두 11그루가 필요합니다.

🌀 길이가 12cm인 끈 4개로 여러 가지 모양을 만들었습니다. 1cm 간격으로 똑같이 점을 찍을 때 점의 수를 구하시오. (단, 일직선 모양의 양 끝에도 점을 찍으며 끈으로 모양을 만들 때 겹치는 부분은 없습니다.)

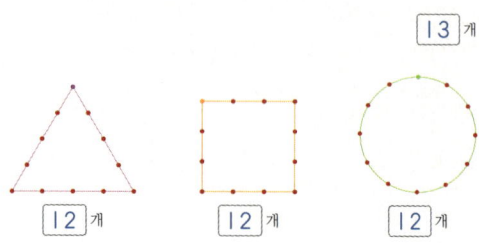

13 개

12 개   12 개   12 개

독한 포인트

길이가 같은 선분과 원을 길이가 같은 도막으로 각각 자르면, 도막의 수는 같지만 자르는 횟수는 다릅니다.

90cm 길이의 선분을 3도막으로 나누려면 2번 잘라야 하고, 둘레가 90cm인 원을 3도막으로 나누려면 3번 잘라야 합니다.

90cm ➡ 30cm 30cm 30cm

90cm ➡ 30cm 30cm 30cm

🐗 가로수 심기

둘레가 400m인 호수에 20m 간격으로 은행나무를 심고, 은행나무와 은행나무 사이에 5m 간격으로 진달래를 심으려고 합니다. 진달래는 모두 몇 그루 심어야 되는지 구해 봅시다. (단, 은행나무와 진달래의 굵기는 생각하지 않습니다.)

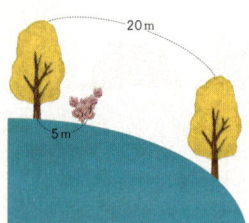

20m

5m

❶ 호수의 둘레를 20m 간격으로 나누면 몇 개로 나누어집니까? 또, 필요한 은행나무는 몇 그루입니까?
20개, 20그루

둘레에 심으면 간격의 수와 나무의 그루 수가 같지.

간격의 수: 400÷20=20(개)
은행나무 수: 간격의 수와 은행나무의 그루 수가 같으므로 20그루입니다.

❷ 은행나무와 은행나무 사이에는 진달래를 몇 그루 심을 수 있습니까? 3그루

양끝에 이미 은행나무가 있고 그 사이에만 심을 거야.

5m 5m 5m 5m

❸ 호수 둘레에 진달래를 모두 몇 그루 심어야 합니까? 60그루
3그루씩 20군데에 심으므로 3×20=60(그루)입니다.

[은행나무, 벚나무]

1 길이가 270m인 도로 한쪽에 나무를 심으려고 합니다. 도로의 양끝에서부터 은행나무를 9m 간격으로 심고, 은행나무와 은행나무 사이에 벚나무를 3m 간격이 되도록 심을 때, 은행나무와 벚나무는 각각 몇 그루 필요합니까? (단, 나무의 굵기는 생각하지 않습니다.) 은행나무 31그루, 벚나무 60그루

은행나무 사이 간격의 수: 270÷9=30(개)
은행나무 수: 30+1=31(그루)
벚나무 수: 30×2=60(그루)

은행나무가 간격 수보다 얼마나 더 많은지 생각해!

[의자]

2 연못의 둘레에 8m 간격으로 가로수를 심고, 가로수와 가로수 사이에 의자를 1개씩 놓으려고 합니다. 필요한 의자가 15개일 때, 연못의 둘레를 구하시오. (단, 가로수의 굵기는 생각하지 않습니다.) 120m

가로수와 가로수 사이에 의자를 1개씩 놓으므로 필요한 의자의 개수는 간격의 수와 같습니다. 간격은 8m이고 간격의 수는 15개이므로 연못의 둘레는 8×15=120(m)입니다.

58·59

🪵 통나무 자르기

톱으로 길이가 4 m인 통나무를 50 cm 간격으로 자르려고 합니다. 한 번 자르는 데 5분이 걸리고 톱질 사이에 2분씩 휴식을 취할 때, 통나무를 모두 자르는 데 걸리는 시간을 구해 봅시다.

❶ 길이가 6 cm인 실을 한 도막의 길이를 1 cm, 2 cm, 3 cm가 되도록 각각 자를 때, 가로로 자르는 부분에 ○표 하고, 가위를 각각 몇 번 사용해야 하는지 구하시오.

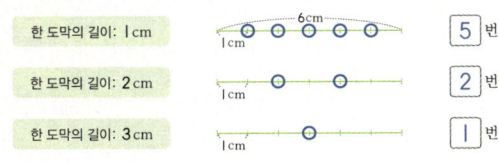

한 도막의 길이: 1 cm		5 번
한 도막의 길이: 2 cm		2 번
한 도막의 길이: 3 cm		1 번

❷ 길이가 4 m인 통나무를 50 cm 간격으로 쉬지 않고 자르려면 톱질을 몇 번 해야 하고, 톱질을 하는 데 몇 분이 걸립니까? **7번, 35분**
잘랐을 때 나오는 도막의 수: 400÷50=8(개)
톱질 횟수: 8−1=7(번), 톱질 시간: 5×7=35(분)

❸ 길이가 4 m인 통나무를 50 cm 간격으로 자를 때 톱질 사이에 2분씩 휴식을 취하면 휴식을 몇 번 하고, 휴식하는 시간은 모두 몇 분입니까? **6번, 12분**
마지막으로 톱질을 한 다음에는 휴식 시간을 갖지 않으므로
휴식하는 횟수: 7−1=6(번)
휴식 시간: 2×6=12(분)

❹ 통나무를 모두 자르는 데 걸리는 시간은 모두 몇 분입니까? **47분**

[통나무]
1 길이가 3 m인 통나무를 60 cm 간격으로 자르려고 합니다. 톱질을 한 번 하는 데 4분이 걸리고, 쉬지 않고 자른다고 합니다. 통나무를 모두 자르는 데 걸리는 시간은 몇 분입니까? **16분**

> 난 쉬지 않고 빨리 자를 수 있지.

잘랐을 때 나오는 도막의 수: 300÷60=5(도막)
통나무 하나를 톱질하는 횟수: 5−1=4(번)
걸리는 시간: 4×4=16(분)

[파이프]
2 길이가 120 cm인 파이프를 톱을 사용하여 6도막으로 자르려고 합니다. 한 번 자르는 데 12초가 걸리고, 자르고 나서 5초씩 쉰다고 합니다. 파이프를 모두 자르는 데 걸리는 시간은 몇 초입니까? **80초**

6도막으로 자르려면, 5번 자르고 4번 쉽니다.
자르는 데 걸리는 시간: 12×5=60(초)
쉬는 시간: 5×4=20(초)
→ 60+20=80(초)

> 몇 번 잘랐는지 구하는 것이 어렵지는 않겠지?

60·61

8 연역적 논리

고대 그리스의 철학자 아리스토텔레스가 만든 유명한 논리인 삼단논법입니다.

> 모든 사람은 죽는다. 소크라테스도 사람이다. 그러므로 소크라테스는 죽는다.
아리스토텔레스

> 아리스토텔레스가 한 말은 옳지.
소크라테스

삼단논법이란 2가지 사실로부터 다른 결론을 이끌어내는 것을 말합니다.
삼단논법에서 주어진 사실이 참이 아니거나 논리를 잘못 전개하면 잘못된 결론이 나올 수도 있습니다.

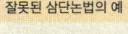 잘못된 삼단논법의 예

> 모든 아기는 귀여워.
지오

> 태경이도 귀여워.
초이

> 그러므로 태경이는 아기야.
아인

> 내가 아기라고? 말도 안 돼.
태경

태경이의 동생 태돌이는 아기입니다. 삼단논법에 맞게 밑줄 친 곳에 알맞게 쓰시오.

• 모든 아기는 귀여워.
• 태돌이는 아기야.
→ 그러므로 태돌이는 _____귀여워_____ .

⚙ 다음 중 잘못된 결론을 내린 것을 모두 찾아 쓰시오. **나, 다**

> 가. 지우는 세영이보다 빠르다. 세영이는 용수보다 빠르다.
➡ 지우는 용수보다 빠르다.

> 나. 조영이는 겁이 많다. 호인이도 겁이 많다.
➡ 조영이와 호인이는 눈물이 많다.

> 다. 강인이는 키가 크다. 강인이는 공부를 잘한다.
➡ 키가 큰 사람은 공부를 잘한다.

> 라. 모든 새는 깃털이 있다. 타조는 새다.
➡ 타조는 깃털이 있다.

 톡톡 포인트

주어진 조건이나 사실을 이용하여 새로운 결론을 이끌어내는 생각의 방법을 **연역적 논리**라고 합니다.
삼단논법은 두 가지 사실에서 새로운 결론을 이끌어낼 수 있습니다.

> 곤충은 머리, 가슴, 배로 나누어집니다.
벌은 곤충입니다.
결론: 벌은 머리, 가슴, 배로 나누어집니다.

여러 가지 조건을 둘씩 짝 지을 때는 연역표를 이용하면 편리합니다.

1. 지오, 초이, 태경이는 노란색, 파란색, 초록색 중 서로 다른 색깔을 한 가지씩 좋아합니다.
2. 지오는 노란색을 좋아합니다.
3. 초이는 파란색을 싫어합니다.

색깔	노란색	파란색	초록색
지오	○	×	×
초이	×	×	○
태경	×	○	×

🐾 순서 정하기

태경, 초이, 세연, 지오, 정수 5명이 달리기를 하고 있습니다. 조건 을 보고 등수를 알수 있는 사람은 누구이며, 몇 등인지 알아봅시다.

조건
① 지오는 초이보다 앞에 있고, 초이는 태경이보다 앞에 있습니다.
② 태경이는 정수보다 뒤에 있습니다.
③ 세연이 바로 뒤에는 지오가 달리고 있습니다.

❶ 달리기 순서를 그림으로 나타낸 것입니다. 조건 ③을 보고 세연이의 이름을 알맞은 곳에 모두 써넣으시오.

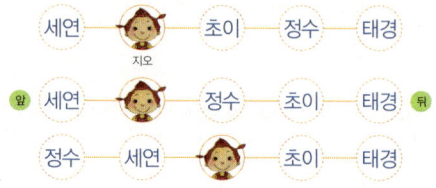

세연 — 지오 — 초이 — 정수 — 태경

앞 세연 — 지오 — 정수 — 초이 — 태경 뒤

정수 — 세연 — 지오 — 초이 — 태경

❷ 조건 ①을 보고 초이의 이름을 ❶의 알맞은 곳에 모두 써넣으시오.

❸ 조건 ②를 보고 정수와 태경이의 이름을 ❶의 알맞은 곳에 모두 써넣으시오.

❹ ❶에서 등수가 항상 같은 사람은 등수를 알 수 있는 사람입니다. 등수를 알 수 있는 사람은 누구이며, 몇 등입니까? 태경, 5등

[키 순서 구하기]

1 지호는 준성이보다 1cm가 큽니다. 오성이는 지호보다 6cm 크고, 강수보다는 3cm 작습니다. 또, 호준이는 오성이보다 4cm 작습니다. 키가 작은 학생부터 차례로 5명의 이름을 쓰시오. 준성–지호–호준–오성–강수

수직선을 그리고, 각 학생의 키를 표시해 봐.

수직선의 한 칸의 간격이 1cm일 때, 각 학생의 키를 나타내면 다음과 같습니다.

준성 지호   호준   오성   강수

[태경이보다 느린 사람]

2 태경이네 모둠 6명의 달리기 기록을 비교하였습니다. 태경이보다 느린 사람은 몇 명인지 구하시오. 3명

조건
① 우용이보다 느린 사람은 수진이 밖에 없습니다.
② 태경이는 재성이보다 빠르지만 종연이보다 느립니다.
③ 종훈이는 종연이보다 느리고 태경이보다 빠릅니다.

조건에 맞게 그림을 그려 봐.

①에서 우용이는 5번째, 수진이는 6번째입니다.
②, ③에서 빠른 사람부터 쓰면 종연–종훈–태경–재성 이므로 태경이보다 느린 사람은 재성, 우용, 수진으로 3명입니다.

🦫 연역표

1번 선수부터 4번 선수까지 4명의 선수가 달리기를 하였습니다. 조건 을 보고 등수를 구해 봅시다.

조건
① 번호와 등수가 같은 선수는 한 명도 없습니다.
② 1번 선수는 4등을 하지 않은 것을 다행으로 생각하였습니다.
③ 2번 선수의 바로 앞에 4번 선수가 들어왔습니다.

❶ 연역표에 조건 ①, ②에 맞게 ×표를 하시오.

1번 선수는 1등도 아니고 4등도 아니다. 2번 선수는 2등이 아니다.

등수 번호	1등	2등	3등	4등
1번	×			×
2번		×		
3번			×	
4번				×

❷ 1번 선수가 2등인 경우와 3등인 경우가 있습니다. 조건 ③에 맞게 각 경우의 연역표를 완성해 보시오. 또, 각 선수의 등수를 구하시오.

1등–3번, 2등–1번, 3등–4번, 4등–2번

등수 번호	1등	2등	3등	4등
1번	×	○	×	×
2번	×	×	×	○
3번	○	×	×	×
4번	×	×	○	×

등수 번호	1등	2등	3등	4등
1번	×	×	○	×
2번		×	×	
3번			×	
4번			×	×

오른쪽 연역표에서는 4번 선수가 2번 선수 바로 앞에 있을 수 없습니다.

[아이들의 성]

1 현수, 지성, 오준, 승엽이는 성이 모두 다른데 김, 이, 박, 조씨 중 하나입니다. 다음을 보고 연역표를 사용하여 아이들의 성을 구하시오.

김현수, 박지성, 조오준, 이승엽

- 현수의 형은 이씨가 아닙니다.
- 지성이는 박씨입니다.
- 오준이의 어머니는 오준이와 다른 성인 이씨입니다.
- 네 명 중 조씨인 아이는 현수와 가장 친합니다.

성 이름	김	이	박	조
현수	○	×	×	×
지성	×	×	○	×
오준	×	×	×	○
승엽	×	○	×	×

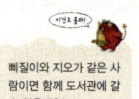
연역표의 가로, 세로에 ○가 1개씩만 있어야 해.

[친구들의 별명]

2 지오, 초이, 태경, 아인이의 별명은 삐질이, 얌전이, 똑똑이, 척척박사로 모두 다릅니다. 어제 삐질이와 지오는 함께 도서관에 갔고, 똑똑이와 태경이는 함께 축구를 하였습니다. 오늘은 똑똑이와 초이가 얌전이네 집에 놀러갔고, 지오는 바로 집으로 갔습니다. 아인이의 별명은 무엇입니까? 똑똑이

별명 이름	삐질이	얌전이	똑똑이	척척박사
지오	×	×	×	○
초이	○	×	×	×
태경	×	○	×	×
아인	×	×	○	×

삐질이와 지오가 같은 사람이면 함께 도서관에 갈 수 있을까?

14 C4 해결전략

⑨ 함정이 있는 문제

고양이 3마리는 3일 동안 쥐 3마리를 잡습니다.

어느 농부가 집안의 쥐를 잡기 위해 고양이 9마리를 사 왔습니다. 그런데 9일 후 농부는 고양이가 잡은 쥐를 보고 깜짝 놀랐습니다.

아니, 이럴 수가!
고양이 9마리가 9일 동안이면
쥐 9마리를 잡아야 하는데……

고양이 3마리는 3일 동안 쥐 3마리를 잡습니다. 고양이 3마리가 9일 동안에 잡는 쥐는 몇 마리입니까? **9마리**
고양이 3마리가 3일 동안 쥐 3마리를 잡으면 고양이 3마리는 하루 동안 쥐 1마리를 잡습니다. 따라서 고양이 3마리는 9일 동안 쥐 9마리를 잡습니다.

고양이 9마리가 9일 동안에 잡는 쥐는 몇 마리입니까? **27마리**
$3 \times 9 = 27$(마리)

달팽이가 10 m 높이의 우물을 낮에는 3 m 올라가고, 밤에는 2 m 미끄러져 내려옵니다. 달팽이가 우물 바닥에서 출발하여 우물을 빠져 나오는 데 며칠이 걸립니까? **8일**

분명 함정이 있는 문제일 거야.

하루 동안 달팽이가 $3 - 2 = 1$(m)씩 올라가므로 10일이 걸린다고 생각하기 쉽지만 7일 동안 7m 올라가고, 8일째 되는 날 낮에는 우물 꼭대기(10m)에 도착하여 더 이상 미끄러져 내려오지 않습니다.

하루 동안 2배로 늘어나는 버섯이 있습니다. 어느 동굴에 버섯을 1개 심었더니 10일 후에 동굴에 버섯으로 가득 찼습니다. 같은 동굴에 버섯을 2개 심으면 동굴은 며칠 만에 버섯으로 가득 차게 됩니까? **9일**

버섯 1개가 동굴을 10일 만에 가득 채우게 되므로 9일째는 동굴의 반을 채웁니다. 같은 동굴에 버섯을 2개 심으면 버섯 1개가 동굴을 반씩 채우면 되므로 9일째에 동굴이 가득 차게 됩니다.

5일이라고 생각하는 것 아니겠지?

노노 포인트

함정이 있는 문제는 쉽게 답을 구할 수 있을 것처럼 보이지만, 풀다 보면 함정에 빠져서 틀리기 쉬운 문제입니다. 다음은 함정이 있는 대표적인 문제입니다.
• **빈 병 바꾸기**: 빈 병 몇 개를 새 음료수로 바꾸어 주는 문제에서는 바꾼 새 음료수를 먹었을 때 빈 병이 다시 나오므로 또다시 음료수로 바꿀 수 있다는 점에 주의해야 합니다.
• **호떡 굽기**: 여러 개의 호떡을 구울 때는 표를 만들어 호떡을 굽는 순서를 잘 찾아봐야 합니다.

🐱 빈 병 바꾸기

어느 가게에서 빈 병 3개를 가져오면 새 음료수 1병으로 바꾸어 준다고 합니다.

빈 병을 모아서 음료수를 마셔야지.

빈 병 3개를 가져오면 새 음료수 1병을 줌

초이네 모둠에서는 음료수를 15병 샀습니다. 빈 병을 더 이상 바꿀 수 없을 때까지 바꾸어 마신다면 음료수를 몇 병까지 마실 수 있는지 알아봅시다.

❶ 15병을 모두 마신 후 빈 병 15개를 새로운 음료수로 바꿉니다. 새로운 음료수를 몇 병 받을 수 있습니까? **5병**
$15 \div 3 = 5$(병)

❷ 빈 병을 바꾸어 받은 새 음료수를 모두 마신 다음, 빈 병 3개를 다시 새 음료수로 바꿉니다. 남은 빈 병과 새 음료수는 각각 몇 병입니까?
남은 빈 병: 2병   새 음료수: 1병

5병 중 3병을 새 음료수로 바꾸면 남은 빈 병은 $5 - 3 = 2$(병)이고, 새 음료수는 1병입니다.

머리를 잘 쓰면 빈 병으로 공짜 음료수를 많이 마실 수 있네.

❸ ❷에서 받은 새 음료수를 마시고 나서 다시 새 음료수를 받을 수 있습니다. 음료수는 모두 몇 병까지 마실 수 있습니까? **22병**
$15 + 5 + 1 + 1 = 22$(병)

[볼펜]

1 어느 문구점에서는 다 쓴 볼펜 4자루를 가져오면 새 볼펜 1자루로 바꾸어 줍니다. 아인이가 다 쓴 볼펜 16자루를 가지고 있을 때, 새 볼펜을 몇 자루까지 받을 수 있습니까? **5자루**

바꾼 볼펜도 다 쓰면 새 볼펜으로 바꿀 거야.

나도 다 쓴 볼펜 찾아봐야지.

① 처음 받을 수 있는 볼펜: $16 \div 4 = 4$(자루)
② 두 번째로 바꿀 수 있는 볼펜: $4 \div 4 = 1$(자루)
따라서 모두 $4 + 1 = 5$(자루)를 받을 수 있습니다.

[요구르트]

2 어느 마트에서 한 병에 200원인 요구르트 빈 병 3개를 새 요구르트 1병으로 바꾸어 주는 행사를 하고 있습니다. 2600원으로 요구르트는 몇 병까지 마실 수 있습니까? **19병**

2600원으로 요구르트 $2600 \div 200 = 13$(병)을 살 수 있습니다.

호떡 굽기

호떡을 구울 때 앞면은 3분 동안, 뒷면은 2분 동안 익혀야 합니다. 프라이팬에 호떡을 동시에 2개까지 구울 수 있을 때, 호떡 3개를 가장 짧은 시간 동안 굽는 방법을 찾아봅시다.

난 15분이나 걸리던데. 호떡을 하나씩 구웠어. 지오

난 10분이면 충분해. 호떡 2개를 동시에 굽고, 나머지 호떡 1개를 구웠어. 초이

❶ 프라이팬에 가능한 빈 자리가 없도록 호떡을 구워야 시간을 줄일 수 있습니다. 호떡 앞면을 1, 2, 3, 뒷면을 ①, ②, ③으로 나타낼 때, 프라이팬에 가능한 빈 자리 없이 굽는 방법을 쓰시오.

시간	1분	2분	3분	4분	5분	6분	7분	8분	9분	10분
굽는 호떡	1	1	1	①	①	②	②	③	③	
	2	2	2	3	3	3	3	③	③	

호떡 하나를 앞뒷면 다 구운 다음, 다른 호떡을 굽는다고? 생각을 바꿔!

❷ 호떡 3개를 굽는 가장 짧은 시간은 몇 분입니까? 8분

[생선 굽기]

1 생선을 구울 때 앞면과 뒷면을 각각 1분 동안 익혀야 합니다. 세 마리의 생선 앞면을 1, 2, 3, 뒷면을 ①, ②, ③이라 할 때, 3분 동안 생선 3마리를 모두 굽는 방법을 그림으로 나타내시오.

1분 2분 3분

[앞면 2분, 뒷면 1분]

2 호떡을 구울 때 앞면은 2분, 뒷면은 1분 동안 익혀야 합니다. 프라이팬에 호떡을 동시에 2개까지 구울 수 있다고 할 때, 호떡 3개를 굽는 데 걸리는 가장 짧은 시간은 몇 분입니까? 5분

호떡 앞면은 1, 2, 3, 뒷면은 ①, ②, ③이라고 하면

시간	1분	2분	3분	4분	5분
굽는 호떡	1	1	①	②	③
	2	2	3	3	

프라이팬에 가능한 빈 자리가 없도록 굽는 방법을 생각해 봐.

가장 짧은 시간은 5분입니다.

 창의적 문제해결력

1 어떤 마을의 목수들은 집을 빨리 짓기로 유명한데 항상 똑같은 빠르기로 집을 짓습니다. 이 마을의 목수 9명이 9일 동안 9채의 집을 지었다고 합니다. 목수 3명이 3일 동안 지을 수 있는 집은 몇 채입니까? 1채

9명이 9일 동안 9채의 집을 지을 수 있으므로, 9명이 3일 동안에는 3채, 3명이 3일 동안에는 1채의 집을 짓습니다.

2 초이가 건물 1층에서 3층까지 계단으로 뛰어 올라가는 데 16초가 걸리고, 이 건물의 엘리베이터는 한 층을 올라가는 데 5초가 걸립니다. 초이는 1층에서 뛰어서 올라가고, 지오는 지하 2층에서 엘리베이터를 타고 올라갈 때, 5층에 누가 몇 초 더 빨리 도착합니까? (단, 엘리베이터를 타고 내리는 시간은 생각하지 않습니다.) 지오가 2초 빨리 도착합니다.

1층에서 3층까지 16초 걸리므로 한 층을 뛰어 올라가는 데 16÷2=8(초) 걸립니다. 따라서 5층까지 걸리는 시간은 초이가 8×4=32(초)입니다. 지오는 지하 2층에서 5층까지 6개 층을 올라가야 하므로 걸리는 시간은 5×6=30(초)입니다. 지오가 2초 더 빨리 도착합니다.

 동영상 특강
QR 코드를 찍어 보세요!

3 동물 5마리가 달리기를 하였습니다. 다람쥐와 생쥐가 거짓말을 하였고, 다른 동물들은 참말을 하였다면 1등을 한 동물을 쓰시오. 말

- 다람쥐: 나는 1등 또는 2등이야.
- 생 쥐: 나는 4등보다는 빨랐어.
- 소 : 처음에는 말보다 앞서고 있었어.
- 말 : 하지만 내가 소보다 먼저 들어왔지.
- 하 마: 나는 생쥐보다 늦게 들어왔어.

생쥐는 거짓말을 했으니 4등 또는 5등이군.

① 다람쥐의 말은 거짓이므로 다람쥐는 1등도 아니고, 2등도 아닙니다.
② 생쥐의 말은 거짓이므로 생쥐는 4등 또는 5등입니다.
③ 하마는 참말이므로 하마가 5등입니다.
나머지 순위는 연역표로 알아낼 수 있습니다.

	1등	2등	3등	4등	5등
다람쥐	×	×	○	×	×
생쥐	×	×	×	○	×
소	×	○	×	×	×
말	○	×	×	×	×
하마	×	×	×	×	○

4 빈 병 3개를 가져가면 새 음료수 1병을 줍니다. 음료수 16병을 마시기 위해서는 처음에 적어도 음료수를 몇 병 사야 합니까? 11병

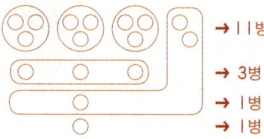
→ 11병
→ 3병
→ 1병
→ 1병

11+3+1+1=16(병)

논리 퍼즐

⑩ 자리 배치하기

어느 목장에서 서로 붙어 있는 6칸의 우리에 말, 오리, 타조, 소, 닭, 돼지를 키우고 있습니다. 그런데 목장 주인이 다음과 같은 이유로 동물들의 자리를 옮기려고 합니다.

- 닭은 해 뜨는 것이 잘 보이도록 가장 동쪽에 있는 우리로 옮겨야 합니다.
- 말과 소는 서로 싸워서 이웃하지 않도록 합니다.
- 타조를 돼지를 괴롭히므로 이웃하지 않도록 합니다.
- 돼지는 자리를 옮기지 않습니다.
- 소와 닭은 사이가 좋아서 서로 붙여둡니다.

조건에 맞도록 각 우리에 동물의 이름을 써넣으시오.

돼지와 닭의 우리를 먼저 정한 다음 소, 말, 타조, 오리 순서대로 우리를 찾아 이름을 씁니다.

지오, 초이, 태경, 아인이가 나란히 앉았습니다. 조건 을 보고 ⬜ 안에 알맞은 이름을 써넣으시오.

조건
- 지오는 아인이와 이웃한 자리이고, 태경이와는 이웃하지 않았습니다.
- 초이는 아인이와 태경이와 이웃하여 앉았습니다.
- 태경이는 초이의 왼쪽에 앉았습니다.

지오   초이   태경   아인

지오	아인	초이	태경

논리 포인트

조건에 맞게 자리를 배치할 수 있습니다.
자리를 배치하는 문제는 1열 배치, 2열 배치, 원 배치 등이 있습니다.

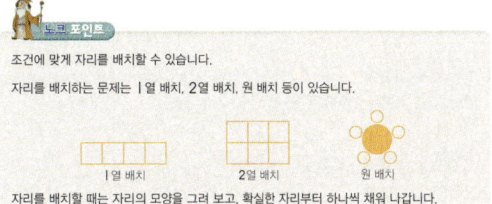

자리를 배치할 때는 자리의 모양을 그려 보고, 확실한 자리부터 하나씩 채워 나갑니다.

🦖 2층 침대 배정

2층 침대가 3개 있습니다. 다음 대화를 보고, 6명의 친구들에게 자리를 알맞게 배치해 보시오.

나는 1층에서 잘게.

우리는 같은 층의 이웃한 자리에서 나란히 잘게.

나는 1층에서 잘 거야.

나는 우용이 위의 2층에서 잘래.

나는 맨 왼쪽 침대에서 잘래. 연우와 같은 침대는 아니었으면 좋겠어.

태경   연우   아인   우용   범상   정환

2층 아인	2층 연우	2층 범상
1층 정환	1층 태경	1층 우용

범상이와 우용이는 위아래로 같은 침대에서 자야 합니다. 만약 두 사람이 가운데 침대에서 잔다면 연우와 아인이는 같은 층 이웃한 자리에 잘 수 없습니다.

[가게의 위치]

1 거리에 서점, 약국, 편의점, 식당, 부동산, 우체국이 있습니다. 다음을 보고 빈칸에 알맞은 가게의 이름을 써넣으시오.

- 우체국은 식당과 나란히 있습니다.
- 편의점 앞에서 바로 길을 건너면 약국입니다.
- 부동산은 북쪽으로 우체국과 마주 보고 있고, 서쪽으로 서점과 나란히 있습니다.
- 서점에서 약국으로 갈 때는 길을 건너지 않아도 됩니다.

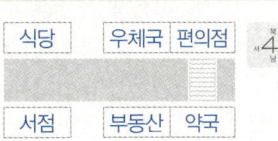

식당	우체국	편의점
서점	부동산	약국

[이웃한 여섯 친구]

2 진우, 경호, 태성, 혜진, 오성, 성수는 1번지에서 6번지까지 중 각각 다른 집에서 살고 있습니다. 다음을 보고 2번지에 사는 사람을 쓰시오. **태성**

- 진우네 집과 경호네 집은 서로 이웃해 있습니다.
- 성수네 집은 진우네 집과 가장 멀리 떨어져 있고, 진우네 집보다 북쪽에 있습니다.
- 경호네 집의 북쪽에 오성이가 삽니다.
- 혜진이네 집은 진우네 집의 서쪽에 있습니다.

1번지	4번지
2번지	5번지
3번지	6번지

① 진우와 성수는 가장 멀리 떨어져 있으므로 진우가 6번지, 성수가 1번지에 살거나 진우가 3번지, 성수가 4번지에 삽니다.

	성수
혜진	진우

② 혜진이와 진우는 옆으로 나란히 삽니다. 조건에 맞게 두 사람의 집이 나란히 있는 경우는 오른쪽과 같습니다.

③ 나머지 빈칸을 조건에 맞게 채웁니다.

성수	오성
태성	경호
혜진	진우

🐢 원탁의 자리

둥근 탁자에 태경이와 할머니, 어머니, 아버지, 동생이 앉아 있습니다. 조건 을 보고 자리를 알맞게 배치해 봅시다.

조건
• 어머니는 아버지의 오른쪽에 앉아 있습니다.
• 할머니와 동생은 떨어져 있습니다.
• 동생의 왼쪽에 있는 사람은 어머니가 아닙니다.

❶ 첫 번째 조건 을 보고 아버지의 자리를 찾아 ☐ 안에 써넣으시오.

❷ 두 번째 조건 을 보고 ❶의 남은 자리 중 할머니와 동생이 앉을 수 없는 자리를 찾아 ☐ 안에 태경이를 써넣으시오.

❸ 세 번째 조건 을 보고 ❶의 남은 자리의 ☐ 안에 할머니와 동생을 알맞게 써넣으시오.

[마주 앉은 사람]

1 지오, 초이, 태경, 아인이가 네모난 탁자에서 책을 보고 있습니다. 다음을 보고 초이와 마주 앉은 사람의 이름을 쓰시오. **지오**

• 지오와 태경이는 마주 보고 있지 않습니다.
• 아인이는 책을 다 보면 왼쪽에 앉은 지오에게 주기로 했습니다.

① 아인이의 자리를 먼저 정합니다.
② 지오는 아인이의 왼쪽에 앉아 있습니다.
③ 태경이는 지오와 마주 보고 있지 않으므로 아인이의 맞은 편 자리입니다.
④ 나머지 한 자리는 초이의 자리입니다.

[오른쪽에 누구?]

2 둥근 탁자에 정아, 우용, 범상, 주원, 혜영이가 앉아 있습니다. 정아의 오른쪽에 앉은 사람은 누구입니까? **우용**

• 범상이의 오른쪽에 주원이가 앉아 있습니다.
• 혜영이의 왼쪽에 우용이가 앉아 있습니다.
• 정아와 범상이 사이에 주원이가 앉아 있습니다.

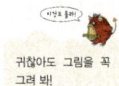

귀찮아도 그림을 꼭 그려 봐!

---

11 참말과 거짓말

옛날 중국의 초나라에서 창과 방패를 파는 상인이 있었습니다.

이 창은 어떤 방패도 뚫을 수 있소.

이 방패는 어떤 창도 막을 수 있소.

그것을 지켜보던 사람이 "그럼 그 창으로 그 방패를 찌르면 어떻게 됩니까?"하고 물으니 상인은 대답을 하지 못했습니다.

여기서 생긴 말이 창을 뜻하는 한자 '모(矛)'와 방패를 뜻하는 한자 '순(盾)'을 합친 '모순'입니다. 모순은 논리적으로 앞뒤가 맞지 않는 상황을 말합니다.

🔵 항상 참말만 하는 참말나라 사람과 거짓말만 하는 거짓말나라 사람이 만나서 이야기를 하고 있습니다. 두 사람의 이야기 중 논리에 맞지 않는 것을 고르시오. ⓒ

ⓐ 참말나라 사람 : "나는 참말만 합니다."
ⓑ 거짓말나라 사람 : "나는 거짓말쟁이입니다."
ⓒ 참말나라 사람 : "거짓말나라 사람은 항상 거짓말을 합니다."

ⓑ은 거짓말입니다.
ⓑ "나는 거짓말쟁이입니다."는 참말입니다. 그런데 이 사람은 거짓말나라 사람이므로 모순입니다.

🔵 지오가 3층짜리 책상 서랍에 각각 필기도구, 일기장, 장난감을 하나씩 넣고 서랍에 모두 거짓으로 메모를 붙였습니다. 일기장이 들어 있는 서랍은 몇 층입니까? **3층**

이렇게 적어 놓으면 아무도 일기장이 있는 곳을 찾지 못할 거야.

지오

① 3층에 필기도구가 들어 있어. → 3층에 필기도구가 들어 있지 않습니다.
② 위 층에 장난감이 들어 있어. → 3층에 장난감이 들어 있지 않습니다.
③ 1층에 일기장이나 장난감이 들어 있어. → 1층에 있는 것은 필기도구입니다.

 도구 포인트

항상 거짓말을 하는 거짓말쟁이가 "나는 거짓말만 해요."라고 하면 거짓말만 한다고 했는데 거짓말을 한다고 이야기한 것은 참말이므로 논리적으로 맞지 않게 됩니다. 이렇게 논리적으로 맞지 않는 상황을 모순, 영어로는 패러독스(Paradox)라고 합니다.

여러 조건 중 일부가 참이거나 거짓일 때는 하나를 참 또는 거짓이라고 가정하여 논리적으로 모순이 있는지 확인합니다. 모순이 있을 때는 가정을 바꾸어 모순 없는 결론을 찾습니다.

---

18 C4 해결전략

🛡 선물 상자 찾기

어느 퀴즈 프로그램의 도전자에게 마지막으로 주어진 미션입니다. 선물이 들어 있는 상자를 찾아봅시다.

최종 미션
세 개의 상자 중 하나에 선물이 들어 있습니다. 세 상자에 적힌 말 중 한 상자에 적힌 말만 거짓입니다. 기회는 단 한 번뿐! 한 개의 상자를 선택하세요.

가  나  다

가: 선물은 이 상자 안에 있습니다.
나: 선물은 이 상자 안에 있습니다.
다: 가 상자에는 선물이 없습니다.

❶ 선물이 들어 있는 상자를 가, 나, 다로 예상한 각 경우에 상자의 글이 참이면 ○표, 거짓이면 ✕표를 하여 표를 완성하시오.

선물이 든 상자	참 또는 거짓		
	가	나	다
가	○	✕	✕
나	✕	○	○
다	✕	✕	○

> 가에 선물이 있다고 예상하면 가 상자의 글은 참, 나 상자의 글은 거짓, 다 상자의 글은 거짓.

나 상자에 선물이 있는 경우, 가 상자에 적힌 글이 거짓입니다.
다 상자에 선물이 있는 경우, 가 상자와 나 상자에 적힌 글이 모두 거짓입니다.

❷ 선물이 들어 있는 것은 어느 상자입니까? 나
세 경우 중 거짓이 하나인 경우는 선물이 나에 있는 경우입니다.

[100점은 누구?]

1 지오, 초이, 태경이 중 한 명이 수학 시험에서 100점을 받았습니다. 다음 중 한 사람만이 거짓말을 했다면 수학 시험에서 100점을 받은 사람은 누구입니까? 지오

초이가 100점이야. / 난 100점이 아니야. / 지오가 100점이야.
 지오  초이 태경

100점 맞은 사람	참 또는 거짓		
	지오	초이	태경
지오	✕	○	○
초이	○	✕	✕
태경	✕	○	✕

[거짓말은 1명]

2 학교에서 축구를 하다가 지오, 초이, 태경, 아인이 중 한 명이 유리창을 깼습니다. 네 명 중 한 명만이 거짓말을 했을 때 유리창을 깬 사람은 누구입니까? 태경

나는 유리창을 깨지 않았어요. / 나도 아니에요. / 초이가 깼어요. / 태경이가 깼어요.
 지오  초이  태경  아인

유리창을 깬 사람	참 또는 거짓			
	지오	초이	태경	아인
지오	✕	○	✕	✕
초이	○	✕	○	✕
태경	○	○	✕	✕
아인	○	○	✕	✕

🛡 경기 결과 예측

어느 축구대회에서 네덜란드, 한국, 미국이 예선을 치뤄서 이 중 두 팀이 통과했습니다. 지오와 아인이가 예선전의 결과를 예측하였고, 두 사람 모두 예선 통과 두 팀 중 한 팀만 맞혔습니다. 예선을 통과한 두 팀은 어디인지 알아봅시다.

지오: 네덜란드와 한국이 예선을 통과합니다.
아인: 한국과 미국이 예선을 통과합니다.

❶ 지오의 예측에서 네덜란드가 통과하는 경우와 탈락하는 경우로 나누어 아인이가 예측한 팀 중 예선전을 통과하는 팀은 ○표, 탈락하는 팀은 ✕표 해 보시오.

네덜란드 통과

지오: 네덜란드 / 한국   아인: 한국 ✕ / 미국

네덜란드 탈락

지오: 네덜란드 / 한국   아인: 한국 / 미국 ✕

❷ 예선을 통과하는 팀들을 모두 찾아보시오. 네덜란드, 미국
네덜란드가 탈락한다고 하면 통과한 나라는 한국, 한 팀밖에 없으므로 틀렸습니다.

[순위 예상]

1 야구대회에 한국, 일본, 중국, 대만이 참가하였습니다. 전문가 3명이 순위를 예상하였는데 각자 1개 나라만 순위를 맞혔습니다. 야구대회의 순위가 높은 나라부터 차례로 쓰시오. (단, 공동 순위는 없습니다.) 한국, 일본, 중국, 대만

전문가 1: 일본 3등, 대만 4등
전문가 2: 중국 1등, 일본 2등
전문가 3: 한국 1등, 중국 4등

① 전문가 1의 예상 중 일본 3등이 맞다고 가정하면 전문가 2의 예상 중 일본 2등은 될 수 없으므로 중국이 1등입니다. 그런데 중국이 1등이면 전문가 3의 예상인 한국 1등과 중국 4등이 모두 불가능합니다. 따라서 옳지 않습니다.
② 전문가 1의 예상 중 대만 4등이 맞다면 전문가 3의 예상 중 한국 1등이 맞습니다. 전문가 2의 예상 중 일본 2등이 맞으므로 남는 중국은 3등이 됩니다.

[1등 예상하기]

2 지오, 초이, 태경이가 체육시간에 있을 멀리뛰기 결과를 예상하였습니다. 멀리뛰기를 한 결과 세 사람의 예상 중 1개씩만 맞았습니다. 멀리뛰기에서 1등을 한 사람은 누구입니까? 지오

지오: 나는 1등을 하지 못할 거야. 태경이도 1등을 하지 못할 거야.
초이: 나도 1등을 하지 못할 거야. 지오도 1등을 하지 못할 거야.
태경: 나도 1등을 하지 못할 거야. 초이가 1등을 할 거야.

① 1등이 지오라고 하면 지오의 예상: (거짓, 참), 초이의 예상: (참, 거짓), 태경이의 예상: (참, 거짓)
② 1등이 초이라고 하면 지오의 예상: (참, 참), 초이의 예상: (거짓, 참), 태경이의 예상: (참, 참)
③ 1등이 태경이라고 하면 지오의 예상: (참, 거짓), 초이의 예상: (참, 참), 태경이의 예상: (거짓, 거짓)
따라서 참과 거짓이 하나씩 있는 ①번 경우가 맞으므로 1등은 지오입니다.

> 1등이 누군지 가정하면 되겠지?

정답 및 해설 **19**

12 여러 가지 논리 퍼즐

유명한 컴퓨터 게임 중 하나인 지뢰찾기는 한 칸을 둘러싼 칸에 있는 지뢰의 수를 보고 지뢰의 위치를 찾는 게임입니다.

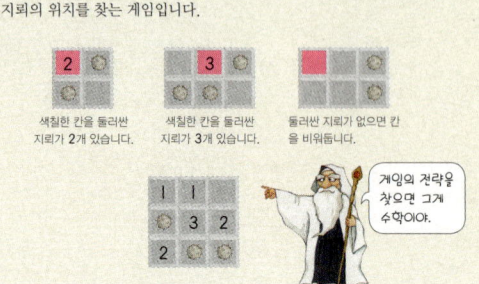

색칠한 칸을 둘러싼 지뢰가 2개 있습니다.

색칠한 칸을 둘러싼 지뢰가 3개 있습니다.

둘러싼 지뢰가 없으면 칸을 비워둡니다.

게임의 전략을 찾으면 그게 수학이야.

오른쪽 빈칸에 각 칸을 둘러싸고 있는 지뢰의 수를 써넣으시오.

각 칸을 둘러싸고 있는 지뢰의 수를 표시한 것입니다. 지뢰가 있는 곳을 찾아 ○표 하시오.

① 색칠한 l 위에는 지뢰가 반드시 있습니다.

② 색칠한 l 주위에는 더 이상 지뢰가 없습니다.

③ 나머지 한 칸에는 지뢰가 있습니다.

○ 규칙 을 보고 점과 점 사이를 선으로 이어 보시오.

규칙
· 주어진 수는 그 수를 둘러싼 선분의 수입니다.

· 선분을 모두 이었을 때 하나의 도형이 만들어져야 합니다.

(○) (✕) (✕) (✕)

또는

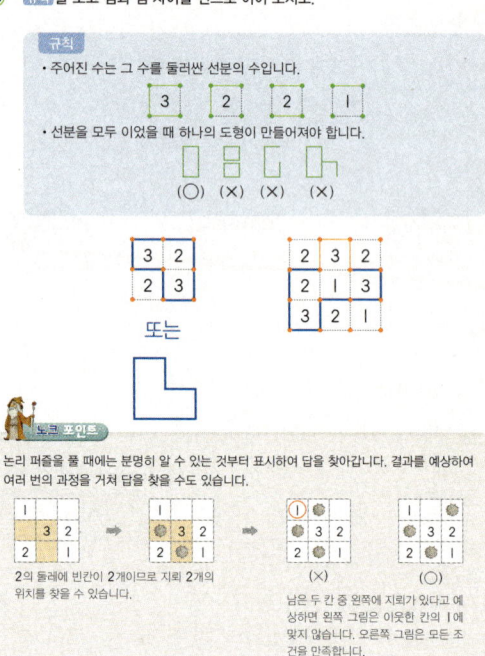

체크 포인트

논리 퍼즐을 풀 때에는 분명히 알 수 있는 것부터 표시하여 답을 찾아갑니다. 결과를 예상하여 여러 번의 과정을 거쳐 답을 찾을 수도 있습니다.

2의 둘레에 빈칸이 2개이므로 지뢰 2개의 위치를 찾을 수 있습니다.

남은 두 칸 중 왼쪽에 지뢰가 있다고 예상하면 왼쪽 그림은 이웃한 칸의 l에 맞지 않습니다. 오른쪽 그림은 모든 조건을 만족합니다.

🐭 길 찾기 퍼즐

생쥐가 집을 찾아가려고 합니다. 규칙 을 보고 생쥐가 지나가는 길을 찾아봅시다.

규칙
· 사각형 밖의 수는 가로, 세로로 생쥐가 지나가는 방의 수를 나타냅니다.
· 한 번 지나간 방은 다시 통과하거나 돌아올 수 없습니다.

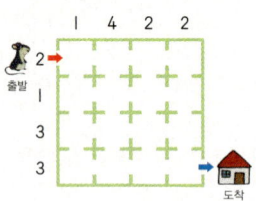

❶ 4가 있는 줄의 방과 입구와 출구가 있는 방은 모두 반드시 지납니다. 나머지 방 중에서 생쥐가 지나는 방은 ○표, 지나지 않는 방은 ✕표 하시오.

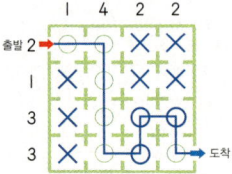

❷ ❶의 그림에 ○표 한 방을 모두 이어서 생쥐가 지나가는 길을 선으로 그리시오.

[집 찾기]

1 규칙 에 맞게 집을 찾아가는 길을 선으로 그리시오.

규칙
· 사각형 밖의 수는 가로, 세로로 지나가는 칸의 수를 나타냅니다.
· 한 번 지나간 칸은 다시 통과하거나 돌아올 수 없습니다.

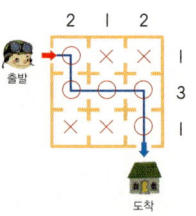

[병아리와 어미 닭]

2 규칙 에 맞게 병아리가 어미 닭을 찾아가는 길을 선으로 그리시오.

규칙
· 사각형 밖의 수는 가로, 세로로 지나가는 칸의 수를 나타냅니다.
· 한 번 지나간 칸은 다시 통과하거나 돌아올 수 없습니다.

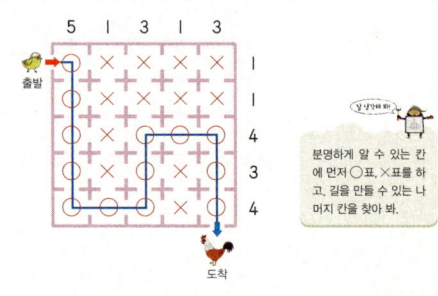

분명하게 알 수 있는 칸에 먼저 ○표, ✕표를 하고, 길을 만들 수 있는 나머지 칸을 찾아 봐.

🌰 거울 반사 퍼즐

규칙에 맞게 거울 반사 퍼즐을 풀어 봅시다.

규칙
- 사각형 밖의 수는 사각형 안에 빛을 비추었을 때 빛이 지나가는 점의 수입니다.
- 빛이 거울을 만나면 ➘, ➙, ➚, ➚와 같이 방향이 바뀝니다.
- 각 칸에는 점 또는 거울이 반드시 놓여 있어야 합니다. (단, 거울은 비스듬한 방향으로만 놓을 수 있습니다.)

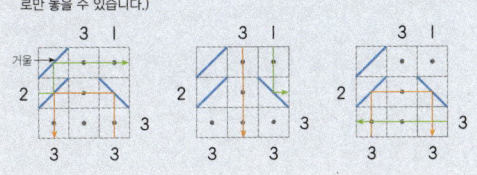

❶ 오른쪽 거울 반사 퍼즐이 **규칙**에 맞도록 □ 안에 알맞은 수를 써넣으시오.

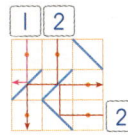

❷ 오른쪽 거울 반사 퍼즐이 **규칙**에 맞도록 빈칸에 거울 2개를 그려 넣으시오.

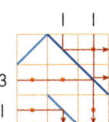

[빛의 경로]

1 사각형 밖의 수는 사각형 안에 빛을 비추었을 때 빛이 지나가는 점의 수입니다. 수가 있는 곳에서 세로 또는 가로 방향으로 빛이 출발하여 지나가는 경로를 모두 그려 보시오.

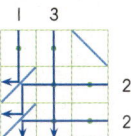

[거울과 점 그리기]

2 **규칙**을 보고, 거울의 수에 맞게 점 또는 거울을 놓아 퍼즐을 완성하시오.

규칙
- 사각형 밖의 수는 사각형 안에 빛을 비추었을 때 빛이 지나가는 점의 수입니다.
- 빛은 수가 있는 곳에서 가로 또는 세로 방향으로 출발합니다.
- 각 칸에는 점 또는 거울 중 하나가 반드시 놓여 있어야 합니다. (단, 거울은 비스듬한 방향으로만 놓을 수 있습니다.)

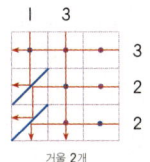

거울 2개

👧 창의적 문제해결력

📍 동영상 특강
QR 코드를 찍어 보세요!

1 다음은 선생님, 지오, 초이, 태경, 아인이가 둥근 탁자에서 각자 앉고 싶은 자리를 말한 것입니다. 말한 대로 앉은 사람은 아무도 없을 때, 빈 자리에 알맞은 이름을 써넣으시오.

지오: 선생님 옆에 앉고 싶어.
초이: 태경이 옆에 앉고 싶어.
아인: 내 왼쪽 옆에 초이나 태경이가 앉았으면 좋겠어.
태경: 난 지오 옆에 앉고 싶어.

선생님
초이   태경
지오   아인

2 다음은 어느 작은 마을에 하나밖에 없는 이발소에 붙어 있는 글입니다. 이 마을의 이발사는 스스로 머리를 자릅니다. 다음 글이 맞지 않는 이유를 설명해 보시오.

"우리 마을은 스스로 머리를 깎는 사람을 제외하고 모두 우리 이발사에게 머리를 깎습니다."

이발사가 스스로 머리를 깎을 때, 스스로 머리를 깎은 사람도 이발사에게 머리를 깎았으므로 모순입니다.

3 4명 중 한 명만 참말을 하고, 나머지는 모두 거짓말을 하고 있습니다. 참말을 한 사람을 찾아 이름을 쓰시오. **태경**

지오: 4명 중 1명이 거짓말을 합니다.
초이: 4명 중 2명이 거짓말을 합니다.
태경: 4명 중 3명이 거짓말을 합니다.
아인: 4명 모두 거짓말을 합니다.

4명 중 1명은 참말, 3명은 거짓말을 하고 있으므로 태경이가 참말을 한 것이 되어야 나머지 세 명은 거짓말을 한 것이 되어 모순이 없게 됩니다.

4 사각형 안에 아기 오리 4마리가 있습니다. **규칙**에 맞게 엄마 오리가 들어가야 하는 칸에 ○를 그리시오.

규칙
- 엄마 오리와 아기 오리는 짝을 지어 이웃하여 있습니다.
- 엄마 오리와 아기 오리는 수가 같습니다.
- 사각형 위의 수는 그 줄에 있는 엄마 오리의 수를 나타냅니다.
- 엄마 오리끼리는 가로, 세로로 이웃할 수 없습니다.

엄마 오리끼리는 이웃할 수 없다는 점에 주의합니다.

정답 및 해설   **21**

MEMO

MEMO

MEMO

정답 및 해설

해결 전략

C4
(10~11세)

자르는 선

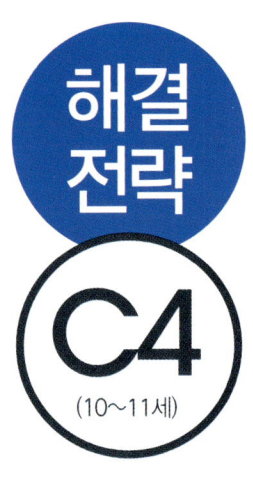

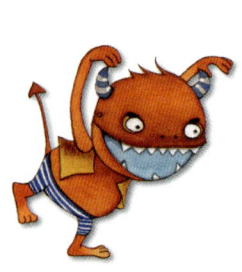

누구나 쉽고 재미있게
사고력 수학
노크